图书在版编目（CIP）数据

山水慢行　有福之道：福州福道系统的规划设计探索 / 王文奎，林大地，黄贝琪著. —北京：中国建筑工业出版社，2024.4
（福州市规划设计研究院集团有限公司学术系列丛书）
ISBN 978-7-112-29757-3

Ⅰ.①山… Ⅱ.①王… ②林… ③黄… Ⅲ.①城市道路—道路工程—设计—研究—福州 Ⅳ.①U415

中国国家版本馆CIP数据核字（2024）第075044号

　　福州是典型山水城市和历史文化名城。通过保护山水网络格局，构建蓝绿空间廊道，更新打造特色街巷，编织起了串联公园、居住区和公共文体商旅等设施的"绿岛链"，将休闲慢道系统建设成为福州的名片"福道"——有福之道。

　　本书结合福州市丰富多样的山、水和街巷条件，全面介绍了各种山地福道、滨水福道、路侧福道和街巷福道的规划、设计和建设的技术要点及理论探索。可以作为绿道和慢行系统建设的参考书，也可作为"看山、望水、走巷"，了解"有福之州"的介绍图书。

责任编辑：胡永旭　唐　旭　吴　绫
文字编辑：孙　硕
书籍设计：锋尚设计
责任校对：王　烨

福州市规划设计研究院集团有限公司学术系列丛书
山水慢行　有福之道——福州福道系统的规划设计探索
王文奎　林大地　黄贝琪　著

＊

中国建筑工业出版社出版、发行（北京海淀三里河路9号）
各地新华书店、建筑书店经销
北京锋尚制版有限公司制版
北京富诚彩色印刷有限公司印刷

＊

开本：889毫米×1194毫米　1/20　印张：11⅘　字数：304千字
2024年7月第一版　2024年7月第一次印刷
定价：**168.00**元
ISBN 978-7-112-29757-3
（42701）

福之青山，园入城；

福之碧水，流万家；

福之坊厝，承古韵；

福之路桥，通江海；

福之慢道，亲老幼；

福之新城，谋发展。

从快速城市化的规模扩张转变到以人民为中心、贴近生活的高质量建设、高品质生活、高颜值景观、高效率运转的新时代城市建设，是福州市十多年来持续不懈的工作。一手抓新城建设疏解老城，拓展城市与产业发展新空间；一手抓老城存量提升和城市更新高质量发展，福州正走出福城新路。

作为福州市委、市政府的城建决策智囊团和技术支撑，福州市规划设计研究院集团有限公司以福州城建为己任，贴身服务，多专业协同共进，以勘测为基础，以规划为引领，建筑、市政、园林、环境工程、文物保护多专业协同并举，全面参与完成了福州新区滨海新城规划建设、城区环境综合整治、生态公园、福道系统、水环境综合治理、完整社区和背街小巷景观提升、治堵工程等一系列重大攻坚项目的规划设计工作，胜利完成了海绵城市、城市双修、黑臭水体治理、城市体检、历史建筑保护、闽江流域生态保护修复、滨海生态体系建设等一系列国家级试点工作，得到有关部委和专家的肯定。

"七溜八溜不离福州"，在福州可溜园，可溜河湖，可溜坊巷，可溜古厝，可溜步道，可溜海滨，这才可不离福州，才是以民为心；加之中国宜居城市、中国森林城市、中国历史文化名城、中国十大美好城市、中国活力之城、国家级福州新区等一系列城市荣誉和称谓，再次彰显出有福之州、幸福之城的特质，这或许就是福州打造现代化国际城市的根本。

福州市规划设计研究院集团有限公司甄选总结了近年来在福州城市高质量发展方面的若干重大规划设计实践及研究成果，而得有成若干拙著：

凝聚而成福州名城古厝保护实践的《古厝重生》、福州古建筑修缮技法的《古厝修缮》和闽都古建遗徽的《如翚斯飞》来展示福之坊厝；

凝聚而成福州传统园林造园艺术及保护的《闽都园林》和晋安公园规划设计实践的《城园同构　蓝绿交织》来展示福之园林；

凝聚而成福州市水系综合治理探索实践的《海纳百川　水润闽都》来展示福之碧水；

凝聚而成福州城市立交发展与实践的《榕城立交》来展示福之路桥；

凝聚而成福州山水历史文化名城慢行生活的《山水慢行　有福之道》来展示福之慢道；

凝聚而成福州滨海新城全生命周期规划设计实践的《向海而生　幸福之城》来展示福之新城。

幸以此系列丛书致敬福州城市发展的新时代！本丛书得以出版，衷心感谢福州市委、市政府、福州新区管委会和相关部门的大力支持，感谢业主单位、合作单位的共同努力，感谢广大专家、市民、各界朋友的关心信任，更感谢全体员工的辛勤付出。希望本系列丛书能起到抛砖引玉的作用，得到城市规划、建设、研究和管理者的关注与反馈，也希望我们的工作能使这座城市更美丽，生活更美好！

福州市规划设计研究院集团有限公司
党委书记、董事长
高学珑
2023年3月

福道，诞生于福州的现象级事件，"来福州—走福道—享福气"成为这座"有福之州、幸福之城"的靓丽名片。2021年3月24日下午，习近平总书记来到福山郊野公园，同福山福道上的市民亲切交流，了解城市规划建设情况，并提出希望继续把这座海滨城市、山水城市建设得更加美好，更好地造福人民群众。

福州自古多山，城在山中，山在城中。城外有"左旗（山）右鼓（山）、南五虎（山）、北莲花（山）"，城内又有低矮山丘星罗棋布，古有民谚"三山藏、三山现、三山看不见"。福州城的山，既有城郊之山高近千米耸入云霄，可为近郊避暑胜地；也有诸多城中之山，江南丘陵一般的润秀，不高不险，是市民早晚可游可憩的佳处。这福州城的山，既有风水大观，奠定古城之格局，如于山、乌山、屏山、冶山、烟台山、高盖山等；也有偏安一隅，只待市民踏春问秋，如牛岗山、金牛山、大腹山、妙峰山等。所以福州的山，与城市交融，与市民亲近，这是福州独有的，既大开大合，构成山水城市的大格局，又潜入烟尘，可以走进市井百姓的日常生活。加上南国榕城藏于山林青峰之中的诸多烟雨楼台，福州的山，至美，至亲！

福州城的水，有江、河、湖、海、溪不一而足。两江穿廊、百川入城，这江虽没有长江黄河横贯华夏万里奔流入海的气势，也没有钱塘江潮万马奔腾激荡海门的磅礴，却独有万顷白沙和百里滩涂，有着沧海桑田的变迁，也有着每日的潮起潮落，涤荡城市的水脉，东流入海连接五洲世界。福州的内河，既有罕见的合潮，又有水乡的婉约；既有山水相依、桨声灯影，又有曾经舟楫林立、商贾繁盛；既有山溪跌宕、桑溪宴集，也有千米高山一泻而下的汹涌山洪。福州还自古多湖，与江、河、溪相邻相串，既有曾经万千亩的东湖、西湖和南湖，也有极其袖珍的斗池、对池。这多样的福州水系，孕育了一方百姓，也造就了福州千百年来疏浚河湖、兴修陂塘、城水共荣的治水伟业，造就了丰富的水生态、水景观、水文化。

福州就是这样一座典型和独特的山水城市，山形多样、水情各异，具有天然的公园般城市的先天条件。福州还有着历史文化名城的纵横巷陌和繁盛市井，2200多年的古城，从汉冶城始，城址一脉相承，一轴定千年，古城"三山鼎立、两塔对峙"，内河"二潮吞吐、缭绕若带"。从清代的福州地图中可见城市对山的利用、对水面的利用，可见重点建筑群的点缀、城墙与城楼、中轴线、坊巷、榕树绿化以及近郊的风景名胜，福州古城这种人工与自然结合的独特空间布局，被吴良镛先生称赞为"东方城市设计佳例之一"。

但是，如同很多当代城市一般，在快速城市化建设过程中，山水格局的优势没有充分体现，城市的蓝绿空间破碎化严重，历史文化名城的一些要素也逐渐湮没失去。这既有快速城市化发展中的一些问题，也有时代的局限性和理念相对滞后的原因。在生态文明建设一系列理念的指导下，福州不但迈开大步强调了城市的发展，而且也通过不断总结经验和思考，充分尊重和挖掘山水城市和历史文化名城的独特优势，在短短的近十年时间里，通过水系综合治理构建了网络状的蓝绿空间和滨水步道，依水而行、绿荫相伴；通过保护山体建设休闲步道引得百姓登山览城，强化了市民对山的认识和保护；通过历史文化街区和风貌区的保护修复、城市更新中对传统老街巷的保护挖掘，重现了传承千年的街巷空间，成为最有福州味道的城市慢行巷道；通过提升城市主次道路沿线的带状公园和绿道，构建了沿路有着林荫花香兼具通勤功能的步道。这一条条的步道，适度恢复了福州的山水城市格局，重构了城市蓝绿空间网络，把福州的山、水、名城和重要的城市公园、公共服务设施和文体场所串联了起来，连进了千家万户，连进了百姓的日常生活，成为百姓和游客心中的"福道"。

本书是福州市规划设计研究院集团有限公司以风景园林专业为主，集合了市政、规划、建筑、生态修复、文物保护、环境工程等多个专业，倡导在多专业协同下完成的一系列福道项目总结和经验集成，既可以作为风景园林、城市规划、市政工程等专业工作者，特别是从事绿道和慢行系统工程建设的专业人士的参考，也可以作为市民和游客"看山、望水、走巷，感受有福之州"，全面了解福州"福道"建设的一本书。

〔目录〕

第三章
滨水福道

第四章
街巷福道　159

福道缘起

福州金牛山福道（来源：陈鹤 摄）

福道，诞生于榕城福州，是福州市在探索科学保护自身自然资源、保护历史文化遗存、建设滨江滨海山水园林城市的发展进程中，逐步摸索出的引领全市生态休闲空间体系建设，缝合城市孤立功能空间，强化典型地域文化特色的休闲步行系统。她是福州城市"游山""玩水""走巷""逛城"各类慢行系统的总和，她以绿色出行为基本要求，以丰富多样的景观资源为物质载体，以"福"文化为品牌特征，既描绘了福州"山水城郭"和"八闽首邑"的风貌特色，又彰显了千年闽都的深厚底蕴，是在"有福之州"所创立的，具有国内外深远影响的"有福之道"慢行网络系统。

第一节　有福之州

福道得以起源于福州，有其机缘之巧合，更有其深厚的现实基础。福州位于欧亚大陆东南边缘，东临太平洋，地处中国东南沿海、福建省中东部的闽江口，居于亚太经济圈中国东南的黄金海岸，是东南沿海重要的都市，海峡西岸经济区政治、经济、文化、科研以及现代金融服务业的中心。城市群山环抱、水网密集，自然生态环境十分优越，加之历史悠久、源远流长，人文底蕴也十分深厚，一直以来都被称作"有福之州"。

山之仙气，水之灵气，城之秀气，铸就人之福气。福州市依山傍海，素有"环山、沃野、襟江、吻海"之美誉。鹫峰、戴云两山脉斜切市域南北，自西向东地形渐次下降，地貌类型由中山、低山、高丘陵逐步过渡到台地平原，直至于海。城区地貌属典型的河口盆地，盆地四周被群山峻岭所环抱，其海拔多在600~1000米之间，东有鼓山、西有旗山、南有五虎山、北有莲花山。盆地内为丘陵性平原，分布有20~230米高度不等的大量孤山、残丘，

图1-1-1　福州山水地形模拟（来源：王曲荷 绘）

因此，福州城中自古流传"三山藏、三山现、三山看不见"的民谚。放眼整个平原，山丘更是星罗棋布，金鸡山、金牛山、高盖山、清凉山、城门山等傲然矗立、雄浑峻伟。

同时，福州盆地从外缘到盆心作层状分布，西北高、东南低，闽江自西北向东南流入盆地后受阻于南台岛，分为南北两港，北港仍称闽江，南港又称乌龙江，江面宽阔，斜贯中部，大樟溪、尚干溪、营前溪、新店溪分别自南、北注入闽江，构成稠密水网。目前，建成区内共有107条主河和49条支流，总长度超过274千米，汇水面积300多平方千米，分属白马河、晋安河、磨洋河、光明港、新店片区、南台岛六大水系，是国内水网平均密度最大的城市之一，河汊纵横、湖塘相连，颇具江南水城神韵（图1-1-1、图1-1-2）。

图1-1-2　从五虎山顶看福州城（来源：王文奎 摄）

除了优越的自然生态环境，福州更是国家历史文化名城，是近代中国最早开放的五个通商口岸之一。福州马尾是中国近代海军的摇篮，中国船政文化的发祥地。福州有2200多年的建城史，自冶城拉开城垣建设序幕以来，历经子城、罗城、夹城、外城等多次扩建拓展，逐渐形成古城的典型格局。人杰地灵、文化昌盛的福州城在古往今来中兼容并蓄，孕育出三坊七巷、上下杭等诸多文化街区，积淀了丰厚的历史人物、民间艺术、民俗活动、民间信仰、传说掌故、名肴佳点等多种形式的人文遗产（图1-1-3）。

福州的自然生态资源和历史文化资源十分丰富，长期以来，福州市也一直高度重视对各类资源的保护，先后开展了山体保护、水体保护、湿地保护、历史文化名城、历史文化街区、历史风貌区等多个以资源保护为首要目标的专项规划及研究，并开展了以三坊七巷保护修复、内河水环境综合治理等为代表的一系列工程建设实践，取得了一定的成绩。然而在实际工作中，也逐渐认识到常规的工作模式还存在一些不足之处和困境：

一是针对保护对象划定保护范围的"一画了之"模式虽然对资源保护和城市风貌协调有较好的管控作用，但对资源的修复和活化利用却显得不足，尤其是山水资源，良好的生态资源没能很好地造福于民，对市民游客提供的开放功能也十分有限，社会效益难以显现，并不利于资源的长效保护。

二是各类资源相对独立地编制保护规划或者资源单体独立开展保护整治的"各自为政"模式难以形成合力，无法创造整体效应，无法体现福州山水名城多重资源高度叠加的禀赋优势。

三是资源分布不均衡、资源保护性发展不充分的问题一直难以根治。福州中心城区规模庞大，资源丰富但却并不均衡。历史城区内各类人文景观资源十分密集，自然生态资源则相对较少；而外围功能组团则恰恰相反，大型山体等生态空间广泛分布，但历史文化遗存则相

图1-1-3　百年前的福州古城，城在山中、山在城中

形见绌。除了资源类型在空间分布上的不均衡外，受城市开发建设时序、各行政区财政实力、保护紧迫程度等各种因素的影响，各类资源的保护性发展也很不充分。

上述问题导致各类资源一直各居一隅、独立发展，也未形成系统的整体，没能发挥山水城市和历史文化名城的整体优势。

第二节 福道规划

随着社会经济的快速发展，百姓生活水平不断提升，为了更好地满足人民群众日益增长的美好生活需要，同时也为了探索通过生态休闲网络的整体打造来促进城市资源系统性保护的新模式，福州市在2010年年底启动了绿道网总体规划研究，之后以此为基础，在实践中拓展了类型，被赋予了"福文化"的地方特色，成了福州的福道网。

改革开放以来，福州城市建设进入快速扩张的发展机遇期，城市面貌日新月异，受经济推动和建设时序的影响，住房等重大民生设施和道路交通等市政基础设施发展较快，而老百姓身边的休闲活动空间网络建设则明显滞后。另一方面，在土地快速流转使用中，城中村、老旧小区、低效厂房、弃置地、边角滞留地等不利于规模建设或难以征收的地块沉淀在中心城区内部，造成城市内部的空间破碎化现象。与此同时，快速城市化也给城区内部的山地、水系、湿地等生态资源和文物保护单位、历史建筑、传统老街巷等人文要素的保护带来较大的压力。

为了统筹解决上述问题，福州中心城区的福道网络规划从生态空间格局优化、城市宜景空间整理、历史文化名城要素梳理、城市景观风貌构建4个维度探讨布局福州福道网络的基础条件（图1-2-1），遵循"通山达水、串文联绿、绿心外延、合区并网"的原则，适应存量时代有机更新的现实要求，充分利用城市内部生态、人文和破碎3类空间，构建了20个慢行生态休闲片区，选线谋划"山—水—巷—路"4大类共132条福道，总长约1237.7

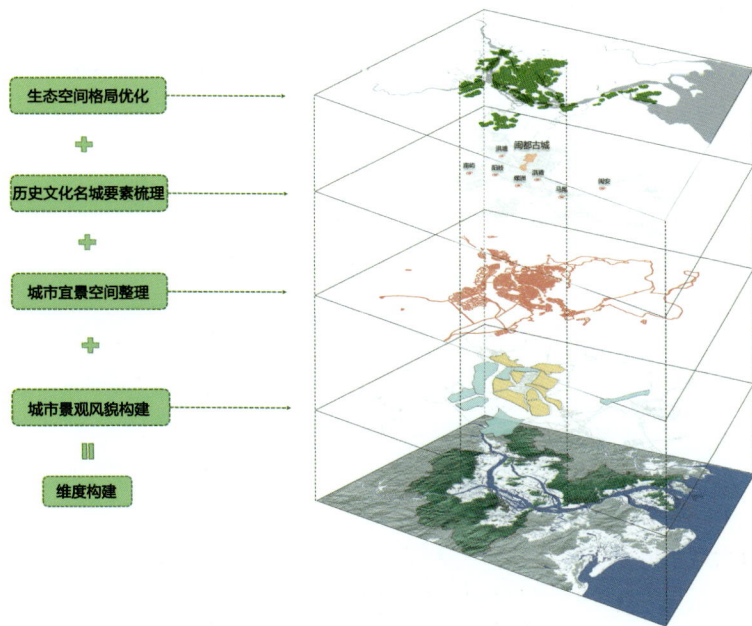

生态空间格局优化

＋

历史文化名城要素梳理

＋

城市宜景空间整理

＋

城市景观风貌构建

＝

维度构建

图1-2-1 福道网络构建过程（来源：何苗苗、陈楚銮 绘）

千米（截至2020年数据）。

其中，山道以环山慢行道为主，主要为居民和游客提供山地健身、生态游憩、登高望远等活动的路径和场所；水道为沿湖泊、江河布置的滨水慢行道，为居民和游客提供亲水娱乐、滨水休闲、临水康体等场所；巷道为依托历史城区中的各类历史文化街区、历史风貌区、历史建筑或传统风貌建筑群，真实反映历史文化名城肌理特征的街坊里弄；路侧慢道则为依托城区内重要干道系统的两侧绿地空间所构建的放射性骨干福道，主要起到串联城市绿色开放空间节点及各片区福道网络的重要作用（图1-2-2）。

4种类型的福道，将城市自然生态资源、历史人文资源、重要公共服务设施等各类开放空间有机地联结成一张城市生态休闲网络，共同打造了"全城一张网"的"绿岛链"空间形态、"蓝—绿—文—活"多元风貌结构和"宜骑、宜跑、宜走"的不同的慢行功能特征。规划提升开放共享服务标准，保障福道网络分布密度不低于8千米/平方千米，服务半径覆盖率不低于80%，万人拥有福道长度不低于3千米（图1-2-3）。

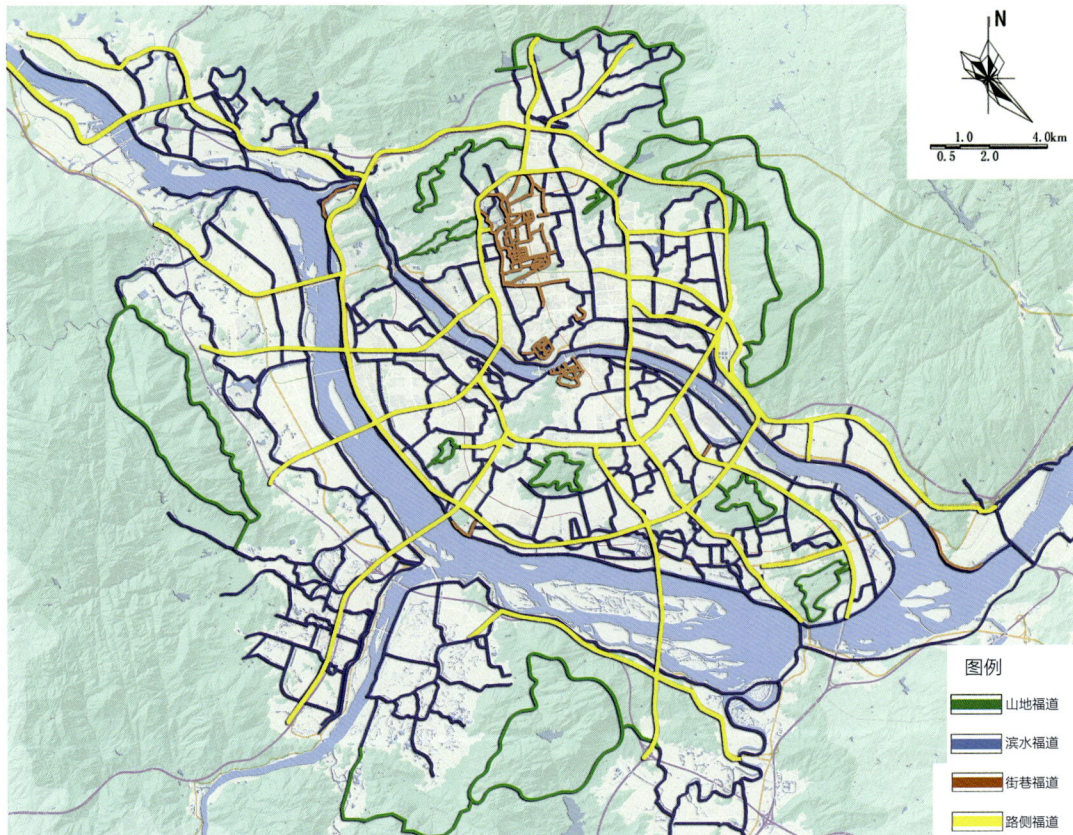

图1-2-2　福州福道类型分布（来源：何苗苗 绘）

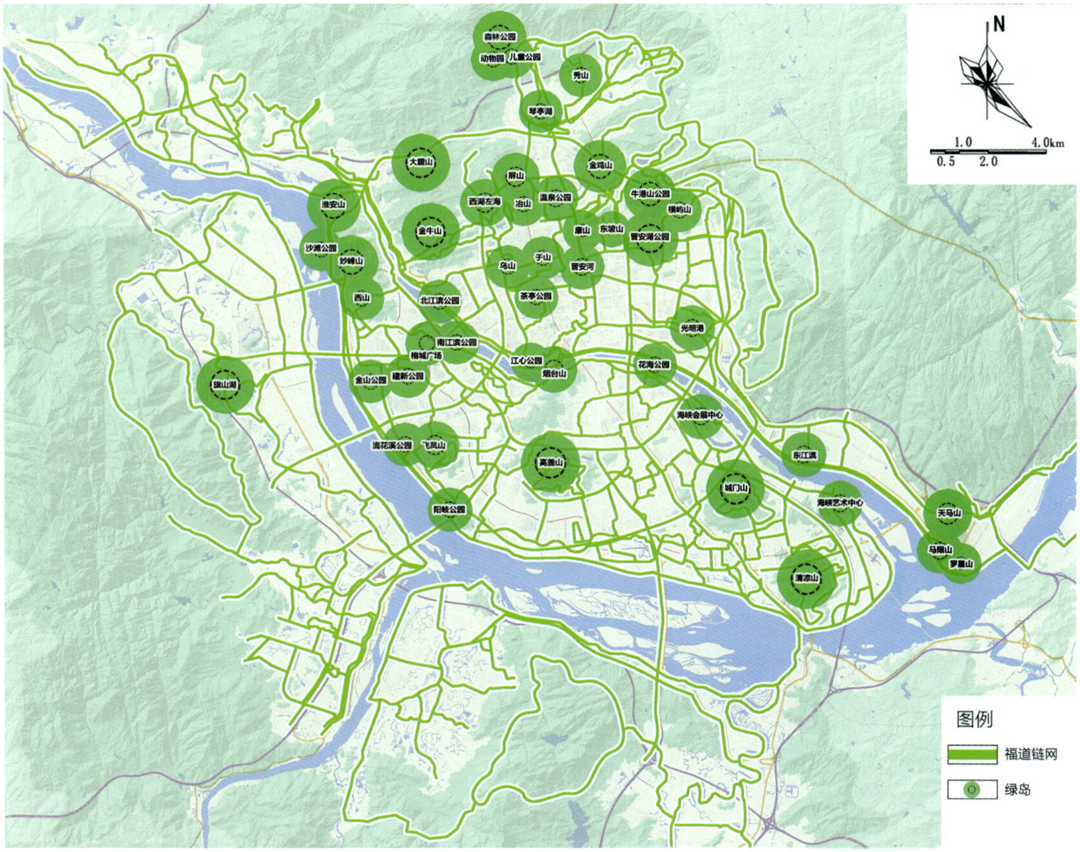

图1-2-3　福州福道网的总体布局结构——绿岛链（来源：何苗苗 绘）

第三节　福道建设

　　在福道网总体规划的指引下，福州市于2010年年底启动白马河滨河步道建设，这是福州市系统构建城市慢行网络空间的首次实践。福州市开展福道网建设绝非孤立的专项行动，而是与不同时期的城市建设重点相结合，主动协调城市建设系统工程，以福道网络建设为抓手，统筹制定周密的建设计划，推动重点项目落地实施，保障规划实施成效。

　　"十二五"期间，以西湖环湖步道、晋安河步道、白马河步道等重要"水边"福道，金山大道步道、浦上大道步道等重要"路边"福道和金鸡山森林步道（一期）、金牛山福道（图1-3-1）等重要"山边"福道建设为引领，推动城市"三边三节点"、宜居环境建设、环境综合整治等重大工程实施，初步构建了福州市的福道网络雏形。"十三五"期间，结合

图1-3-1　左海公园——金牛山城市森林步道，首次被称为"福道"（来源：王文奎 摄）

全市的生态休闲步道建设、生态公园建设、水系综合治理、串珠公园建设、历史文化街区和古厝保护修复、传统老街巷保护与整治、棚户区改造等城市建设系统工程，快速推进福道网络的延伸与普及，初步形成了覆盖全市的网络体系。"十四五"开局，依托城市品质提升工作，在园林风情路、城市生态廊道、花漾街区等各项样板工程中，进一步完善福道网络，并逐渐形成了以道路为"条"、以片区为"块"，以福道建设为契机，将城市公共空间中的街景、桥梁、夜景、广告、绿化，将研究区域内的全部景观要素纳入整体考虑，以学科交叉的思维，以"卷地毯"的工作方法，统筹解决交通、景观、用地、市政等各专业问题，"干一片、成一片"，践行"城市空间问题综合解决"的技术路径，继续推动福道网络的高品质建设。

截至2021年年底，福州市建成区内福道总长共1151.7千米，以1千米为服务半径测算其服务半径覆盖范围共计56173.82公顷。其中，服务半径覆盖范围内的居住用地面积共7173.01公顷，服务半径覆盖率为95.98%，为满足市民百姓日益增长的生态休闲要求提供了有力保障（图1-3-2）。

2021年3月24日下午，习近平总书记莅临福州福山郊野福道视察，沿途听取福道建设和福州市生态公共休闲空间的规划建设情况汇报后深情地说："福州，有福之州，七溜八溜不离福州"，习近平表示，我在这里工作的时候，就设想把福州建成海滨城市、山水城市，现在发展得比当时设想得还要好，要继续做下去，希望有福之州更好造福于民（图1-3-3）。福建省也基于福州的经验，在全省推广建设"万里福道"，并于2021年7月发布了《福建省福道规划建设标准》，在全省推动了新一轮的福道建设。

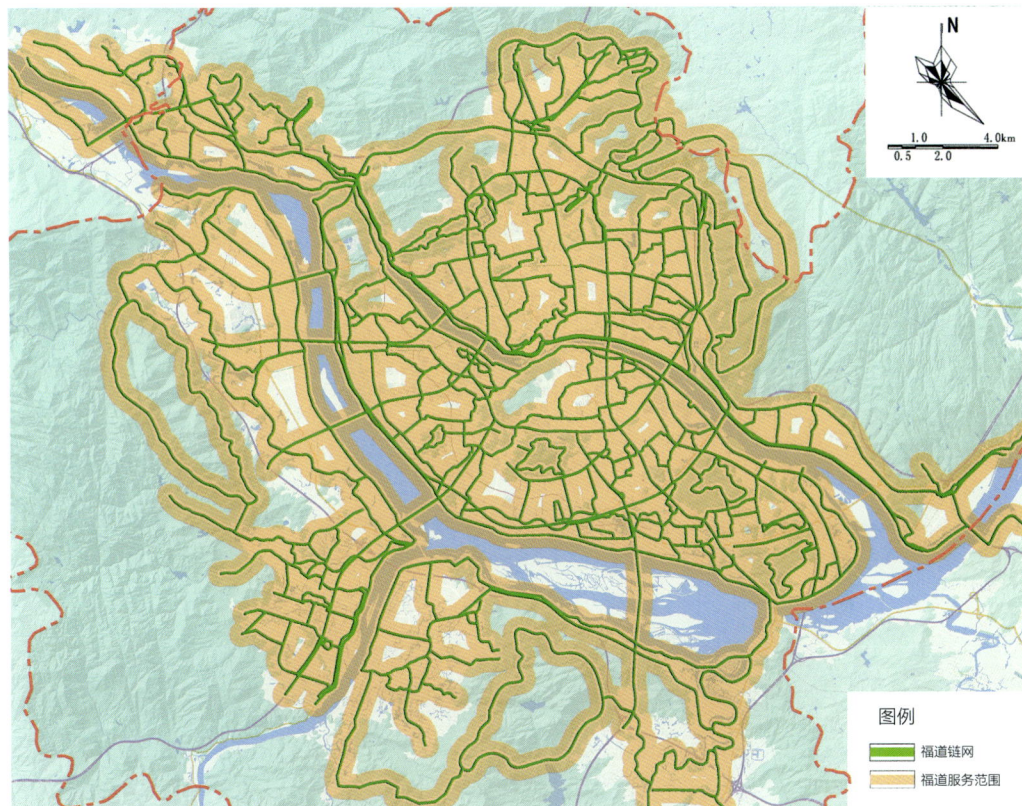

图1-3-2　福道网分布及其服务半径覆盖分析（来源：何苗苗 绘）

图1-3-3　福山郊野公园福榕园的"七溜八溜"景点（来源：王文奎 摄）

第四节　福道特征

福道是有福之州在慢行生态休闲网络建设领域的实践，受城市发展阶段、环境特点、文化加持等多种因素影响，福道在发展沿革中展现出以下个性特征。

一、空间布局上——高度契合城市功能结构的发展演变

福道网络建设集中于"十三五"和"十四五"之初。回顾2010年福州城市空间格局，当时仍然呈现典型的单中心特征，空间结构较为封闭。城市人口和公共服务设施主要集中在鼓楼区和台江区，主城区建筑密度不断增加、人口极度集聚，部分地区人口密度超过4万人／平方千米。而彼时南台岛、新店片区和东城区开发存在滞后问题，还未能真正承担疏解主城的功能。

为了建设经济繁荣的中心城市、生活舒适的宜居城市、环境优美的山水城市、人文和谐的文化名城，国务院批准《福州市城市总体规划（2011—2020年）》，确立城市重点发展方向为"东扩南进、沿江向海"。城市向东部新城推进，未来向长乐、滨海拓展；同时东部地区应开展晋安的旧区改造和马尾功能区升级；另一方面城市要跨越闽江，优化提升南台岛，同时还要跨越乌龙江，向上街、南通、南屿、青口拓展，推动重要公共服务设施沿江布局，包括闽江和乌龙江两江四岸公共服务带。以此为指引，福州将进一步完善自身的中心体系，增加发展极核，建设多个城市高端服务职能集聚点，推动空间结构由单中心向多中心发展，塑造"一中心区八新城"的空间结构。

总体规划实施中，城市生态休闲慢道建设成为其中的重要环节。经营性用地开发、市政交通和重大枢纽设施往往是推动城市新区建设的龙头力量，但福州市在东扩南进的进程中，高度重视生态基础设施的建设。开展东部新城建设时期，除清凉山公园、三江口生态公园、浦下河公园等重要公园绿地外，长达60千米的环南台岛生态休闲道成为城市跨越闽江，向东、向南拓展的重大生态基础工程；推动东城区发展时期，位于核心区纵贯东城南北的牛岗山慢道、鹤林公园生态步道、晋安湖公园亲水步道成为片区发展的重要引擎之一；在城市重要公共服务设施向滨江地带布局的同时，借助闽江两岸的开放贯通建设，打造全长超过30千米的滨江步道，推动城市功能设施沿江整合，形成线性功能主体，进一步优化城市发展空间格局（图1-4-1）。

福州城市生态休闲慢道在建设谋划期间，高度契合空间格局的演变，紧密衔接城市空间演进的主要方向，乃至作为推动城市新区发展的重要抓手，有力地促进了城市新区的建设进程，缓解了老城区的发展压力，保障了总体规划意图的如期实现，这成为其重要特征之一。

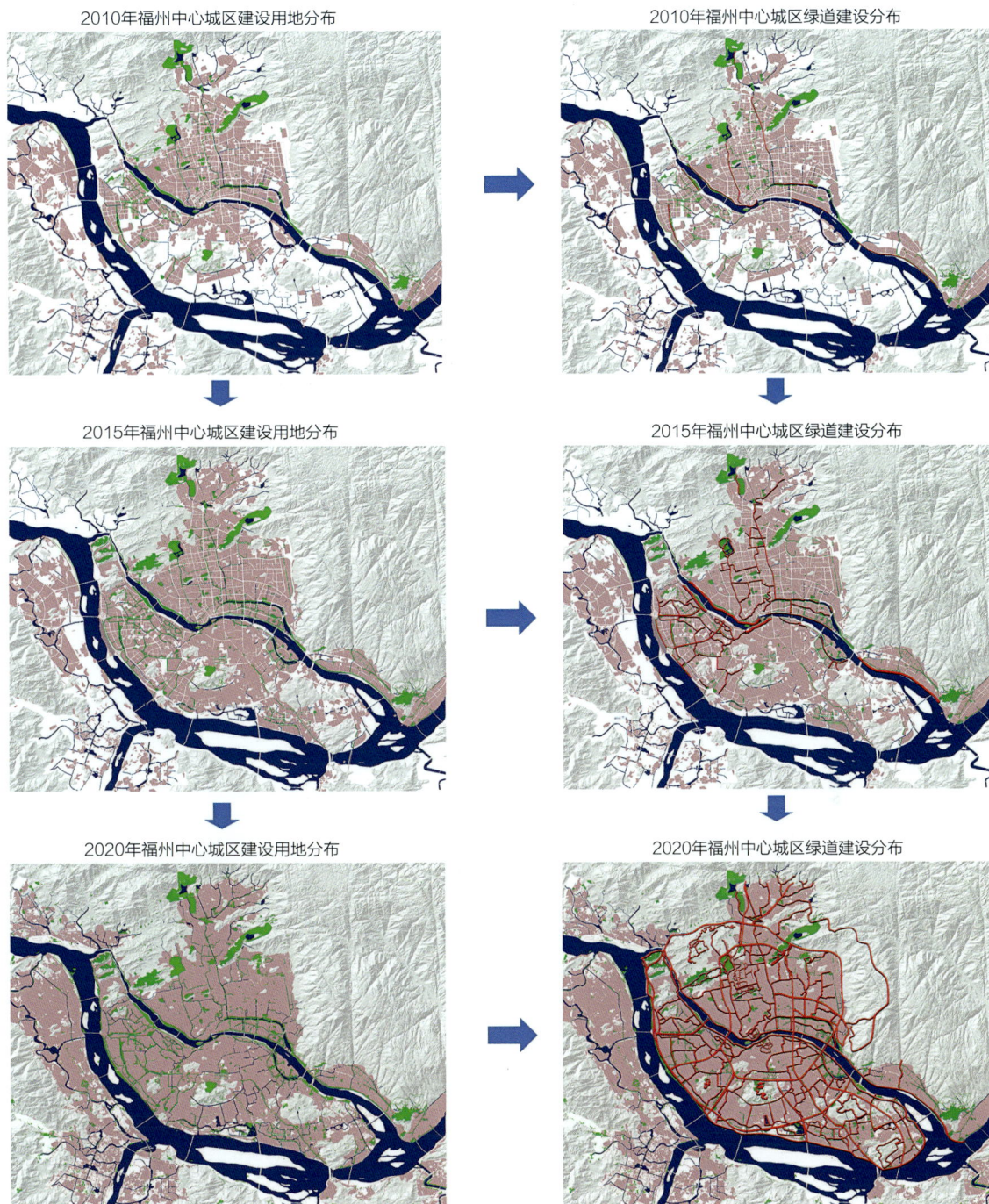

2010年福州中心城区建设用地分布

2010年福州中心城区绿道建设分布

2015年福州中心城区建设用地分布

2015年福州中心城区绿道建设分布

2020年福州中心城区建设用地分布

2020年福州中心城区绿道建设分布

图1-4-1 城市空间格局演变与福道发展耦合分析（来源：何苗苗 绘）

二、风貌塑造上——"五美"诠释"亦道亦景"的现象级景观

传统的公园园路并不张扬，默默地承担游人风景游赏的交通功能。福道别出心裁，不仅串联各类景观资源，连自身也打造成为城市一景，在线路布局上、断面形式上、材质选择上、夜景灯光上、节点场所上不断强化自身"亦道亦景"的主体美。

1. 线路美

道路线形无非折线、曲线或混合线形，线形本身虽没有美丑之分，但长距离的线位布局与自然环境的融合程度却能十分显著地展现线路之美。福道环山、滨水、穿城、走巷，无不贴合地形地貌，却又于蜿蜒曲折之间探出本体形态，在追求自然、和谐的大格局下，不忘潇洒、写意的惊喜，或埋首于深深密林若隐若现，或环绕山体的云海盘龙，或重展传统街区的历史肌理，或伴随江河的大开大合，线路之美在福道网络中展现得淋漓尽致。以飞凤山福道为例，道路在主峰侧畔盘旋直上，并建设飞云桥飞渡冲沟，从高空看去，整条线路画出一道优雅的弧线，成为城市第五立面上的一道难忘美景（图1-4-2）。

图1-4-2　飞凤山福道（来源：仓山区政府 提供）

2. 形式美

福道因行经环境而有丰富多样的功能形式，或路或桥或隧，从而也产生了断面的多样化，成为福道形式美的重要源泉。地面型福道在路本身及两侧地形、立面景观的组合形式中不断变化，可以创造出无穷的景观形象；架空型福道则因结构需要，有悬挑、双立柱、单立柱、Y形柱、桁架、拱桥等多重形式的造型美（图1-4-3）；隧洞型福道注重洞口、洞壁和内部空间的景观营造，进一步丰富了断面上的形式美。以福山福道为例，藏青色的沥青路面，配以彩色划线，在路、桥、洞之间自如转换，各种断面美不胜收，尤其是彩虹步道段成为一道网红风景线。

3. 材质美

材质美是福道美的表达介质。地面型道路的材质种类较多，主要有透水砖、沥青、塑胶、混凝土、石材、木头、钢材、玻璃等，架空型道路也可使用同样材质，但其主体结构多为混凝土和钢材，其他仅作为装饰和面层使用，架空道路的风貌通过占外观主导的材质来表达。各种材质都有一定的风貌倾向，同样各自立足于场地条件、文化背景、项目定位等，精心选择道路的主材，使福道断面拥有更加多元的美感。以梅峰山福道为例，特选全钢结构材质，首创镂空设计，在森林环境的映衬下，创造了材质美的经典画面（图1-4-4）。

图1-4-3　架空型福道的丰富形式（来源：王文奎 摄）

图1-4-4　梅峰山全钢结构镂空福道（来源：王文奎 摄）

4. 夜景美

福道夜景也是一绝。除了功能性照明，福道的夜景灯光描绘线路轮廓，投射景观图案，波动路面光影，点亮乔木绿荫，烘托主体建筑，营造夜间氛围……无论是使用者还是远处的眺望者，都能欣赏到不同视角下的靓丽风景。以金牛山福道为例，从三环路望去，夜间的金牛山福道宛如一条蛟龙雄浑有力；站在福道上则深感深山密林间煦暖灯光的温馨静谧。夜景已是福道的另一大名片（图1-4-5）。

5. 节点美

福道沿线均衡设置了景观节点或配套服务节点，建设中，福州市十分注重节点的景观打造，将其作为福道的重要组成部分，精雕细琢，镶嵌在福道长长的"项链"上。以金鸡山福道为例，在览城栈道的制高点处，设置了茉莉花厅，建筑形体以传统的茉莉花为基本形式，采用了"花蕊""花田""花房"等元素，灯饰大量采用茉莉花、羽毛、鲸鱼、卡通等造型，整体融于福道沿线的空间环境中，展现十分优美的山地景观（图1-4-6）。

福道之福，内涵丰富，为城市增添以"道"为主体的现象级景观也是其中一种。将"道"作为城市景观、大地景观的一部分，兼顾人行视角、城市高点视角甚至高空无人机载体等大场景超高视角的景观界面与场景，追求"道"的多视角之美是福道的匠心独运。

图1-4-5　金牛山福道夜景（来源：陈鹤 摄）

图1-4-6　金鸡山茉莉花厅（来源：林淑琴 摄）

三、文化印记上——展示历史文化名城的变迁沿革

福州的历史可以追溯到原始社会新石器时代，从汉建闽越王国都起，迄今已有2200多年。晋设郡，南朝州治，唐开元十三年（公元725年）设福州都督府，福州之名由此始。五代为闽国国都，南宋末为端宗行都，明清时为福州府，其中明末曾为隆武帝行都。民国至今一直是福建省省会，其中民国二十二年（1933）"闽变"时，在福州成立"中华共和国人民革命政府"。

随着时代的变迁，福州古城也一直处于历史发展中，城池不断扩展，但从沿革脉络来看，都是由北向南，沿着一条稳定的轴线拓展，并在这条轴线上留下了许多重大城市历史遗迹，如汉冶城欧冶池遗迹，晋、唐城的永安门，明清府城的南门等，并由此线串联、汇集了三山、两塔及传统坊巷，在这条中轴线上反映了福州历史文化名城的形成印迹。

而与中轴线相交的东西向上，也依然可以清晰地看到古城演进的轨迹。除了部分东西向的护城河得以保留外，现今的一些道路也是在古城城垣位置上建设的，如子城城垣遗迹—虎节路、贤南街，罗城城垣遗迹—吉庇路，罗城大濠—安泰河，夹城城垣遗迹—乌山路，外城大濠—东西河，府城城墙—于山墙等历代古城遗迹线。

福州市的福道网建设十分注重对历史遗迹的保护、修复和活化利用。在布局上，一方面通过市级1号福道（名城福道）勾勒了历史城区的外围轮廓，并沿中轴线直抵烟台山，另一方面依托上述名城沿革中由城垣演化的道路，进一步扩展名城福道网络，完整展现历史城区的演变；在网络构建上，福道深入各类历史文化街区、历史风貌区和传统老街巷，构成类型多样的巷道网络，并展现历史城区的独特肌理；在风貌上，各类巷道融入所在的空间场所，在材料、规格、工艺等方面力求还原历史原真环境，并很好地塑造了闽都风貌；在资源利用上，深度挖掘老城垣、护城河、老街巷等重要历史文化遗存，一方面以市民群众最喜闻乐见的休闲步道方式加以彰显和利用，另一方面也通过文化宣传和展示，进一步凸显历史文化特色与价值。

福州城内人文荟萃、巷弄密布，具有打造福道慢行休闲网络的本底条件与厚积优势，从三坊七巷保护修复伊始，到朱紫坊、上下杭、烟台山等历史文化街区、风貌区整治提升，再进一步拓展到对历史城区的整体保护与提升。在此过程中，福道网络的布局、建设、编织是重中之重，也是人们穿行坊巷之间，感受古街平直、古厝成群、古榕荫荫，在不经意间，就能"触摸"到林则徐、严复、林觉民等历史名人的最佳途径（图1-4-7、图1-4-8）。

2021年7月16日至31日，第44届世界遗产大会在福州这座历史文化名城成功举办，这是我国第二次承办世界遗产大会，也是我国在世界遗产保护领域承办的最高规格的国际会议。福州是继2004年在苏州举办世界遗产大会后，中国举办世界遗产大会的又一座古城，具有重要里程碑意义。大会期间，古韵悠远的福州巷道受到来访嘉宾们的一致肯定与褒奖。

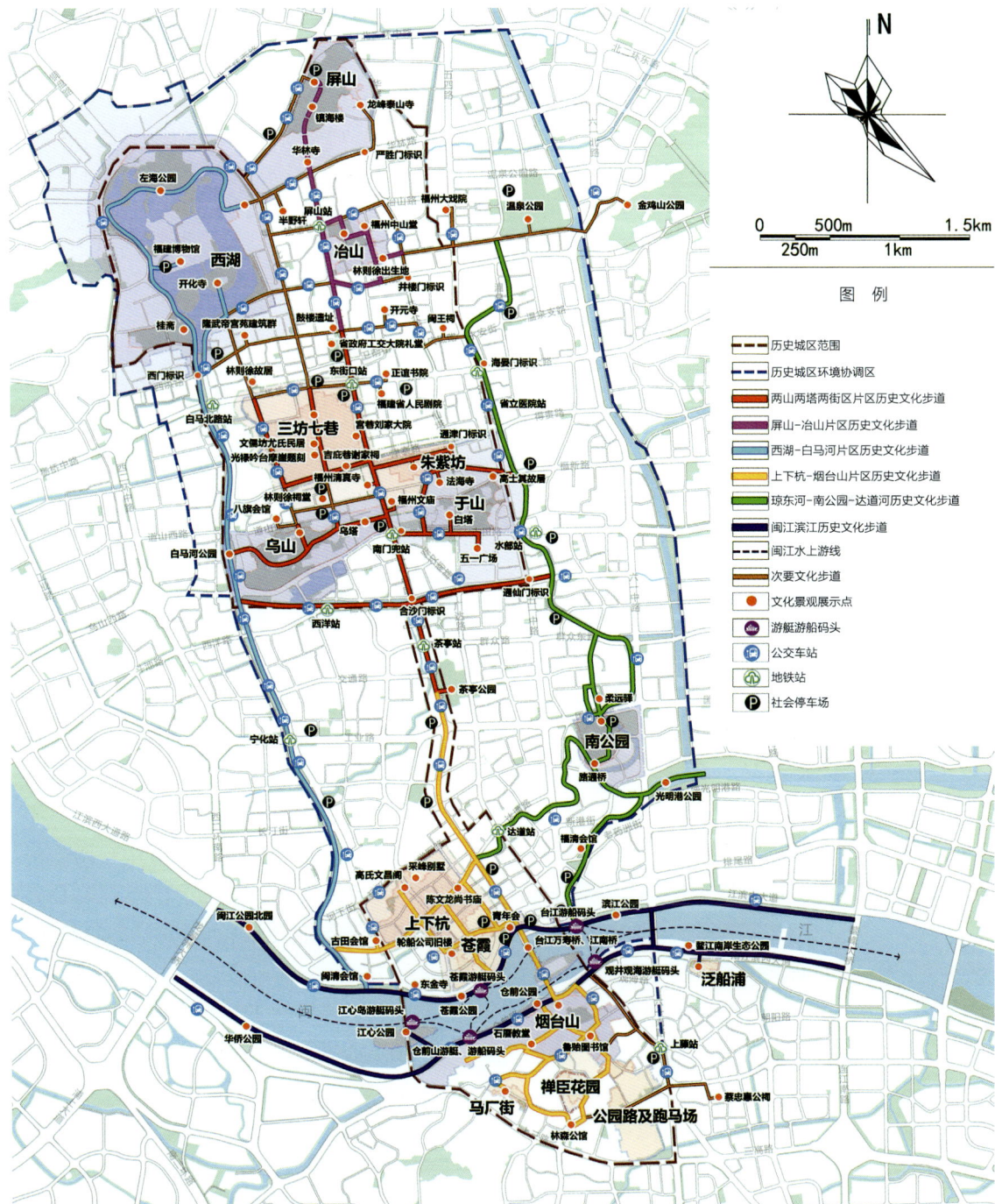

图1-4-7　福州历史城区历史文化步道规划
（来源:《福州历史文化名城保护规划（2021-2035）》）

图1-4-8　充满着福州味的老街旧巷（来源：王文奎 摄）

四、模式创新上——探索存量时代"以线带面"的开放空间网络构建

　　2013年，为了贯彻党的十八大提出的推动工业化和城镇化良性互动、城镇化和农业现代化相互协调的决策部署，国土资源部印发《开展城镇低效用地再开发试点指导意见》，确定在十省（区、市）开展试点，推进城镇低效用地再开发利用，优化土地利用结构，促进经济发展方式转变，这标志着我国的城市发展逐步由外延扩张的增量时代转而进入内涵中优的存量时代。

　　福州人多地少，土地供需矛盾十分突出。随着经济发展和人口增加，土地供应将会更加紧张，各行业争地问题更加突出，尤其是发展经济所需的建设用地、改善人民生活的居住用地、保证生态安全的林业用地、保障粮食安全的耕地间矛盾会日益加剧。而从发展条件来看，城市受"东鼓西旗、北莲花南五虎"的阻断影响，中心城区直接向外蔓延的用地空间非常有限，更有必要走紧凑集约的用地发展模式。同时，改革开放后，福州市的城市建设经历了相当长的一段高速发展时期，为了更好地推动城市发展、更快地提升城市面貌，城区内地质地貌条件好、无征收困难、基础设施易普及的地块已基本投入使用，滞留下不少城中村、开发边角地、三旧地块等低效用地。福州市围绕产业结构调整、城市功能提升、人居环境改善等部署，在有利于提高土地集约利用水平和综合效益的前提下，结合新时期国土空间规划体系的构建，努力转变发展模式，进入存量发展时代。

　　滨江滨河慢道网络建设引领下的串珠公园工程是福州市在存量时代整合城区低效用地，为市民打造生态休闲开放空间体系的民生标杆。福州城区内河大多分布在居住区周边，与市民生活关系十分紧密。福州市践行以人民为中心的理念，以城区水系综合治理为契机，狠下决心开展沿河旧屋区改造、弃置荒废地块收储和临河功能不协调地块置换等工作，坚决把原来占压驳岸的房屋收储、拆除，整理形成的滨河空间按照"一个不少于、六个不能断"的原则（沿岸绿带不少于6米，树不断、路不断、林荫不断、景不断、灯不断、设施不断），着力开展生态修复、岸线绿化、滨水绿地建设、公共设施配套、亲水慢道打造等环境品质提升工作，并不断向周边片区扩展、延伸。以沿岸滨河慢道为"串"，以有条件、可拓展的块状绿地为"珠"，在内河沿岸建设了一大批串珠式公园绿地，打造与市民生活联系更加紧密的"串珠式"公园绿地网络和公共空间网络，形成连续不断、纵横交错的城市生态走廊、绿色通道和人文空间。以往一个个无人问津、垃圾成堆、臭气熏天的角落，变成了市民身边整洁、有序、舒适、优美的小公园，被称为"串珠公园"，也就是口袋公园（图1-4-9）。市民身边多了一大批可以休闲健身的共享空间，实现了推窗见绿、出门进园、行路见荫，其中，"路不断"的内河亲水步道不仅是联起城市串珠公园的金丝玉线，更是城市开放空间体系的骨干链条，支撑起一张有形的生态休闲网络。

　　以城市品质提升为主体的城市更新行动同样也是福州市在存量时代探索发展转型、环境提升、民生基础改善的重要尝试。为了更好地展示福州风貌，迎接全国青年运动会、数字峰会、世界遗产大会等重大城市活动，福州市在"十二五""十三五"期间持续开展城市品质提升行动。在各类专项行动中，整合资源，打造公共服务中心，提高区域服务中心职能，优化城市基本服务职能，同时分级配置，形成公共服务设施网络体系是福州市提升城市功能品质的重要路径。而以生态渗透、绿色交通、线性链接、空间开放、设施共享、综合协调为特征的慢行廊道建设则顺理成章地成为挖掘存量资源、建设开放空间网络的核心工程。以"白马河滨水步道"为例，北起西湖左海，途经白马河公园、三坊七巷、安泰河、新西河、芳华剧院、上下杭历史文化街区等多处福州重要开

图1-4-9　福道边、家门口的"串珠公园"——洋下海绵公园（来源：王文奎 摄）

放空间，形成一条功能齐全、类型多样的线性公共服务链条。

　　探索通过线性的慢道建设，"以线带面"，整合城市低效土地资源，织补破碎化的空间场所，引领城市更新系统工程，主导公共空间网络的构建新模式，作为最具代表性的生态基础设施，深刻融入社会重大战略的实施进程，这也是福州城市生态休闲慢道建设的一大特征。

五、资源保护上——生动演绎以用促保的"两山"理念

　　福州是山水园林城市，更是历史文化名城，城中山体众多、水网密布、各类历史文化遗存交相辉映。福州市高度重视山水生态资源和历史文化资源的保护，开展了城市山体保护、水体保护和历史文化名城保护等多个专项规划研究。长期以来，在重要资源的保护方面，采取的是划红线"一圈了之"的简单保护方法，但福州市在总结其他城市经验教训的基础上，走出一条以高水平利用促进高质量保护的特色道路。其中，慢道建设成为促进科学利用各类生态资源和历史文化资源的重要途径。

　　福州市在开展城市山体保护、水体保护和历史文化名城保护等专项规划研究的基础上，同时也开展了城市山体保护性利用策划、城市内河旅游规划、三坊七巷景区旅游发展等合理利用研究，通过深挖生态资源和历史文化资源价值，创新资源呈现方式，坚持开放共享理念，促进资源的活态利用，形成市民和游客的访问热点区域。近十年来，福州市已先后形成以生态资源和历史文化资源为依托的三坊七巷历史文化街区、福山郊野公园、晋安河福船等多个"网红打卡"热点地区，为老百姓提供了多姿多彩的开放活动空间。

　　慢道建设始终是福州生态资源和历史文化资源活化利用的关键手段。无论是三坊七巷、上下杭、烟台山等历史文化街区提升，还是能补天巷、秘书巷、中山路等老城区传统街巷改造，展示历史沿革脉络、彰显名城格局特征、反映街区肌理形态的"巷道"都是其中的核心建设内容。无论是金鸡山、飞凤山、于山等山地公园建设，还是白马河、五四河、安泰河等滨水绿地打造，丰富风景游赏体验、提升生态资源价值、联通山水城市网络的山地步道和亲水慢道都是山水资源活化利用的重要载体。

　　以乌山风貌区保护为例，2010年乌山历史风貌区景观提升工程一期全面实施完成，新建成的乌山古道提升了沿线景观环境、改善了公园游览条件、还原了山体原貌和历史旧貌，进一步提高了市民对乌山风貌区的价值认知，从而也更主动地参与到乌山的保护工作中来。由于一期工程仅涵盖乌山东部区域，随着对生态空间保护性利用的认识加深，市民百姓对开展乌山西部区域的风景游赏需求日益高涨。2020年，福州市响应群众呼声，决定实施二期提升工程，将山上的气象部门、广电等单位搬迁，进一步还山于民，唤起了全社会对福州山体保护的关注（图1-4-10）。

图1-4-10　乌山还山于民，山顶重现邻霄台胜景（来源：石磊磊 摄）

可见，基于慢行道资源的"价值认知—保护监测—活态利用—风景驱动"等一系列工作历程已成为福州生态休闲慢道建设的特征之一，以合理利用促进科学保护的高质量发展模式也正是"两山"理念的核心；另一方面，福州市区广泛而均衡地分布着大量的生态资源和历史文化资源，因此，逐步网络化的生态休闲慢道建设也引导了大尺度景观环境的不断生成，这也成为其重要的发展特征。

六、公共服务上——"三优四无"架构基本功能体系

福道是福州市创建的生态公共服务产品，市民所能切身体会的公共服务功能涵盖从整体层面格局优化、空间缝合、资源保护等的宏观构架，到单体层面风景游赏、绿色通勤、健身休闲等的功能齐俱，再到细节层面入口可达、交通转换、综合配套等的周到服务等多方面。从功能体系组织上看，福道努力实现和追求"三优四无"的架构思路："三优"——优化生态保护功能、优化休闲游憩功能、优化空间塑造功能；"四无"——无障碍贯通全程、无缝隙通行接驳、无遮挡场景视野、无死角服务配套（图1-4-11）。

1. 优化生态保护功能

以水系为骨架、以山脉为依托，将山林、公园绿地、滨水空间、传统街区等公共空间进行整合，注重创建山、水之间的步行网络，形成"沿江、沿河、环湖、达山、通公园"的具有山水城市特色，以"绿岛链"为结构体系的休闲绿道系统，从而创建生态自然的城市绿网。以自然为基底进行生态保护的福道建设，才能最大程度上满足人们的慢行需求，探索"看山望水"的山水城市特有的生活方式，同时也是最适宜福州山水城市福道建设的工作思路。

2. 优化休闲游憩功能

作为典型的"浅山沿海"的城市，不仅城市山水资源数量众多，而且类型极为丰富，同时还是历史悠久的文化名城，这造就了福州多元的福道类型以及丰富的沿线景点与特色。福州福道根据区域特色和用地条件，营造与之相适宜的步道形式与景观特色，同时设置相适应的服务设施，满足人们休憩的需求，创造可游可憩的城市福道（图1-4-12）。

图1-4-11　"三优四无"技术路径（来源：王文奎 摄）

图1-4-12　福山郊野福道的特色服务设施（来源：林鹏飞 摄）

3. 优化空间塑造功能

福道作为城市空间中的一种线性空间，是串联不同城市区域的重要枢纽，在福道建设上要注重景观空间特色的塑造，避免城市福道建设的同质化。福州福道建设注重与城市滨水空间、山体环境及周围的环境来共同营建，通过"一河一策、一山一主题、一巷一景"，结合不同的植物景观塑造和主题定位，创造丰富多样的福道空间类型。

4. 无障碍贯通全程

福州特有的山水环境资源为城市慢道建设创造了优越的基础条件，但同时复杂的山水地貌也对慢道建设带来挑战和困难。福州福道采用步道形式多变的设计手法，因地制宜地设置"无障碍"慢行步道类型。并根据场地条件，在步道形式、宽度、坡度和材料上进行优化比选，根据客观条件和今后的管理维护能力，选择合适的形式，努力为慢行者提供无障碍、舒适的通行条件。

5. 无缝隙通行接驳

在福州市城市交通总体规划前提下，依托公园，将福道网络系统合理布置，做到与公交站、地铁站、非机动车和机动车停车场、自行车停靠点、过街设施等区域就近接驳或零接驳，实现交通的无缝衔接，提高福道网络的贯通性和城市空间节点的可达性，使市民能够更好地享受福州特有的慢行生活方式。

6. 无遮挡场景视野

福州城市福道建设以"看山望水走巷子"作为基本目标，依山傍水的福道是市民和游客直接有效地体会山水城市面貌的方式，慢行过程的景观视野、风景线的塑造对展示山水城市风貌和城市文化有着十分重要的意义。福州福道建设通过选线规划、视线通廊设计、打造城市阳台等方法创造无遮挡的景观视野，构建可纵观城市景致的城市休闲慢道。

7. 无死角服务配套

完善的配套服务设施是提升慢行感受的重要因素，福道沿线通过增加设置休息驿站、公厕、停车场、灯光照明、安全保障等配套服务设施，并根据场地特征增设服务建筑、智慧设施、娱乐设施以及艺术景观设施等，满足不同年龄层市民和游客的步行需求，创造友好的城市慢行休闲空间。

七、环境友好上——微创施工贯彻低影响建造策略

线性工程在实施过程中触及的创面一般都较大，对自然山水地形地貌、生物栖息环境、历史文化原真风貌都有不小的影响。但福道在实施中，借鉴海绵城市中低影响的理念，并将其拓展到范围更大、系统性更强的"保环境"思想。不仅要保护自然生态环境，更要保护文

化遗存的历史环境，使福道与原场地和谐共生、交融互促，努力实现城市绿地保有生态系统自我演替发展的能力，实现绿地低维护的管理目标，体现对自然生态过程和地带性动植物生境的保护，并尊重文物资源的历史风貌。

福道建设贯彻低影响的建造策略，除了合理的选线、选型之外，最重要的便是生态化施工。通过制定合理的施工组织方案，强调表土的保护和利用，倡导装配式和模块化"设计—施工"方法，实现资源利用的最大化，同时减少现场机械施工和工程建设对环境的破坏。为了更好地保护环境，福山福道在建设中探索了泵送混凝土技术的应用，有效地解决步道路基回填、挡墙砌筑材料的运输困难问题。通过使用轻质泡沫混凝土填充物或低标号粉煤灰混凝土等，在山脚下铺设好泵送管道，加压泵输送到施工指定地点，更好地有序推进施工。

与生态修复同步设计同步建设也是福道在环境友好方面的重要体现。福道在工程设计之初便充分考虑建设过程中无法避免的地貌创伤，及时制定相应的生态修复方案，并与福道同步建设，基本达到建成即恢复植被环境的奇效。建设过程中，受损场地的生态修复，针对不同的受损特征，同步提出修复措施和方法，满足"受损空间——生态修复——场所利用——活力提升"的基本要求。

加强微创施工的前期干预也是福道的重要建设经验。福道在设计阶段就充分考虑微创施工的要求，如：设计小体量、轻量化的材料构件，以降低对大型设备的需求，避免开辟大型便道；设计模数化装配式构件，可减少或无需就地加工；增加螺栓连接减少焊接，能极大降低施工中的火灾风险和环境污染；采用泵送以避免山地工程项目原材料运输需大幅开辟便道等问题。

福道同样尊重文化原址精神，强调原址风貌原样保留。福道进入文化型街区之所以称为"巷道"，这正是文化环境无创建造理念的最好体现。在历史城区中发展福道，着重是恢复传统老街巷，不在历史街区内突兀地建设风格迥异的线性工程，防止建设带来的文化污染。同时，通过历史资源的挖掘，利用"福道+文化设施"进一步追求文化的原址性，展现不同片区的场所精神。

运用海绵城市理念，统筹福道与城市绿地的同步建设。突出福道所依托的公园建设在雨洪源头削减、过程控制和末端调控中的作用，通过地形修整、塑造植草沟、雨水花园、植被缓冲带、湿塘等技术措施，消纳雨水，达到错峰排放要求，既可防止暴雨对设施的冲刷破坏、水土流失和环境污染，又可净化水质丰富绿化景观。同时推进雨水综合利用，通过减小竖向坡度、增加地表植被和粗糙度、减小地表径流，提供雨水下渗的途径。公园收集的雨水，结合地形设计，汇入水体或经净化处理作为公园补充水源，进一步达到低影响的建设目标（图1-4-13）。

图1-4-13　福道建设注重环境友好（来源：王文奎 摄）

八、体系构建上——山水城巷分类演替更新迭代

　　山水园林城市、历史文化名城、省会城市、区域中心城市等多重属性叠加下，福道也因地制宜，以特色塑造为导向，演替生成了山地福道、滨水福道、街巷福道、路侧福道等4大类型（图1-4-14）。

　　城内多山的自然环境特点使得福州在山地福道建设上的探索尤为频繁，从山地公园整治提升到历史文化山体风貌区保护更新，到山体绿楔的绿脉入城，到城市背景山体的联系利用，再到环城大型山脉的游赏开放，长期的建设积累下，福州涌现出福山福道、金牛山福道、金鸡山福道等多条富有代表性的城市"山道"。

　　滨水福道更是福州福道网络的主体，数量最多、里程最长、服务范围最广、网络化程度最高，是联系沿河各个重要开放节点的串珠之链，也是联络各大山体和各大公园的绿岛之链。如果按空间环境简单区分，福州滨水福道还可分为滨江福道、内河福道、环湖福道和溪涧福道，不同类型的"水道"在建设过程中的关注点各有侧重，这形成了福州城中丰富多彩的"水道"景观。

　　街巷福道经历了从无到有、从有到精、从个体到整体的建设过程，在历史文化名城保护规划的基础上，城市开始关注历史街巷的慢行功能提升，在核心区域尝试开展通湖路、卧湖路、北大路等多条传统街巷的慢行专用道建设，效果十分显著，广受市民好评。但福州并不止步于此，进一步开展了历史街巷的整体风貌保护与景观微更新工作，并从少数街巷逐步扩

（a）山地福道

（b）滨水福道

（c）街巷福道

（d）路侧福道

图1-4-14　各类型福道（来源：王文奎 摄）

展到全城，形成了较为完整的城市"巷道"脉络。建设思路也不再局限于专用道的观念，而是以历史风貌的恢复为主线，融入传统街巷景观的整体建设之中，反映了城市格局演变的肌理，并产出了大量精品工程。"巷道"穿梭于老城内部，是老百姓日常生活的重要组成部分，是城市内部最具烟火气息的市井地段，这也为名城保护体系增添了许多生活趣味，使之更富有生命力。

路侧福道是借助城市主要干道，特别是福州城市"圈层放射"特色交通空间结构中的环路与放射干道，以其两侧绿化带为载体构建的类型多样、功能开放的慢道系统，在满足慢行环境生态、通行安全、功能完善的前提下，通过协调统一的标识系统将多种类型的慢道和沿途自然生态、绿色开放、文化体育、商业中心、行政办公等多种城市中心节点统筹到同一主题的慢行空间内，形成富有福州现代城市特色的慢道网络。

多类型福道高度耦合人民群众的出行交通链、山水生态链、开放空间链、历史文化链，使得习惯于风尘仆仆、车水马龙的人民群众有兴趣也有条件放慢匆匆的脚步，绿色出行，回

图1-4-15　福道发展模式版本

归山水大自然、回归城乡大园林、回归文化休闲大网络，让紧张、快速的城市生活有机会真正慢下来。

除了类型多样，福道在建设中也不断自我演替更新，形成了版本上的代际更迭，这在山地福道上表现尤为明显（图1-4-15）。

经过多轮的工程实践，目前福州山地步道建设理念已发展至"4.0版本"。其中，"1.0版本"即为传统的登山步道，以山地台阶为主，包括福州在经济条件还相对薄弱时期，利用城内现有的山体风景林地，结合山地景区的整体提升改造项目，对原有的登山路径实施扩宽、加固、拓展、延伸等工程建设内容，以改善原有的慢行游览环境，这类步道因其登山不便，适用人群并不是很多。另外，对于一些历史风景名胜类的山体，为了保护既有文物和人文环境，也遵循传统的登山步道的方法，例如乌山、屏山、于山、鼓山登山道等。这类山地步道建设特点是以提高步道密度、均衡步道布局、保障登山安全环境为主，先从功能上满足市民百姓日益增长的走出户外、亲近自然的生态休闲需求。

随着福州社会经济的高速发展，山地步道建设也进入蓬勃发展的"2.0版本"时期，其代表作品为金鸡山栈道一期。这个时期的山地步道开始更加关注步道使用群体的体验以及对山体原有地貌和原生植被的保护，强化了对步道选线、选型、选材上的考虑，建设重点不再是原有山地公园园路系统的扩大、修补或延长，而是根据功能布局、景观建设和游览环境体验的需要大胆选线，大幅拓展游赏空间，并保障了全线无障碍的通行条件；选型上，紧密结合选线方案，采用混凝土结构、全桥梁形式，临空悬挑，与山体若即若离，既不破坏原有地貌，又可在底部留足生态抚育空间；选材上，更加关注游客行走的脚底足感，根据步道所处的环境，选择合适的铺砖材料，满足全年龄段的使用需求。

自闽江经金牛山和大梦山通往西湖和左海的"福道"是福州山地步道"3.0版本"时期的杰作。这个时期的福州山地步道在吸收"2.0版本"主要优点的基础上，摒弃了钢筋混凝土结构大而笨重和施工区域易产生干扰的不利因素，采用了全钢结构的装配式模块化轻质桥梁形式，这一方面使得步道主体不再是与环境略显突兀的线性工程，而是成为山地公园内造型美观、质感轻巧的一道独特风景线；另一方面，模块化可装配的安装施工方法和全程控制在"树梢之上"的高程标准，也避免了施工过程中对场地的强烈干扰，实现了"低伤害、少破坏、弱干预、宽视野"的良好建设效果，并且全线几乎都是览城观景的场所；再者，极缓坡度的选线方案也在保障无障碍通行能力的同时，进一步提升了各类弱势群体的慢行游赏体验。

穿行于大腹山、科蹄山、五凤山之间的"福山郊野福道"是福州山地步道"4.0版本"时期的代表作品。这个阶段的福州山地步道反思了"3.0版本"中步道宽度不足、游人容量受限、单位造价偏高、线路进出不易、设施配套不便、保护隐私不利等有待改善的因素，坚持"宜路则路、宜桥则桥、宜洞则洞、倚山依景、出山入林"的选线原则，顺应山形地貌，因地制宜地选用合理的步道形式和尺度，既满足全程无障碍的要求，又尽可能地缩减了建设规模，并且通过高效率、精细化的施工工艺努力保护了沿线原有的自然地理生态环境。在此基础上，"4.0版本"也探索了大型郊野公园景区化的"现象级景观"新趋势，结合步道选线和选型的方案设计，策划了沿线多种趣味景观空间，进一步提高了山地步道的吸引力。

九、发展理念上——深刻融入国家重大战略实施进程

党的十八大以来，党中央、国务院根据我国社会经济发展的时代特征和所处的国内外形势特点，审时度势，提出了与城市建设发展有关的一系列相互包容、体系完整的重大战略要求，主要包括：生态文明建设、美丽中国、韧性城市、绿色低碳发展、历史文化保护、以人民为中心的城市建设理念等。相关部委紧密围绕党中央、国务院的指导思想，先后推出关于山水林田湖草生态保护修复、宜居城市、绿色城市、城市更新行动等各项相关工作指导意见。

福州市认真贯彻党中央、国务院的重大战略部署，按照有关要求，在"十二五"和

"十三五"期间，制定了内河整治、街景改造、生态步道建设、生态公园建设、新一轮城市功能与景观品质提升等紧扣时代发展要求的实施计划。在这一系列重大工程中，福道建设无一例外地融入其中，成为各项重大民生项目的最重要组成部分，从而成了引领、统筹、协调各项重大民生项目的关键要素（图1-4-16）。

以绿色空间为物质基础，以慢行交通为主导方式，为百姓提供多重开放功能，同时又维系着生态格局的福道网络，天然具有生态修复、开放共享、绿色发展、低碳节能、民生福祉的基本属性。因此，福州市将其作为最具驱动力的生态基础设施，主动引领各项重大民生基础工程，深刻融入社会重大战略的实施进程，成为福州生态休闲慢道建设的又一大特征。

图1-4-16　闽江北岸福道与全民健身智慧体育设施融为一体（来源：王文奎 摄）

十、文化自信上——乡土品牌独树一帜

福道源于福道网总体规划中的"湖光山色-最福州最福道"，即西湖左海至闽江横贯金牛山的9千米城市森林步道，这条可极目揽胜、可临水嬉戏、可登临冠顶、可步入林间的森林步道不扰动山水、不阻隔动物，还创造了全程无障碍的普惠便利，被老百姓亲切地称为"福道"，成为福州城市的一张名片，有着"来福州、走福道、享福气"的美誉。

而当"福道"的名字深入人心后，人们发现休闲慢行于山上、于水边、于坊巷中、于林荫道里，是最能细细感受和品味"城在山中、山在城中；两河穿郭、百川入城"的山水城市，品味有福之州千年古城文化底蕴的方式，人们就将"福道"作为福州彰显山水城市和历史文化名城的休闲慢行系统的总称和昵称。她不但包含了一般意义上的绿道，还包括了其他的城市休闲慢行步道，以及一些以慢行为主的城市老街巷，同时兼顾了绿色开放空间和对地域文化的映射与展示，实现"绿道""步道"向"福道"的蝶变，形成"有福之道"的内涵，即统筹山水环境保护，实现人与自然和谐之福；强化地域福文化表达，实现城市文化自信之福；全程推进无障碍标准，实现人人可享之福；高标准配套设施，实现宜游宜旅之福；强化多种交通接驳，实现开放共享之福；走入寻常百姓家，实现融入城市生活之福（图1-4-17）。

　　对福文化的深度解析、解构正是福州文化自信的高度展现。

图1-4-17　福文化内涵体系

第二章

山地福道

因"山"之青翠
藏"道"之蜿蜒
金牛山福道（来源：陈鹤 摄）

第一节　山地福道建设总体建设要求

福州城市地处群山环绕的盆地之中，是一座被称为"城在山中、山在城中"的城市，历史上还曾有"三山藏、三山现、三山看不见"之说。随着城市的不断扩展，建成区逐渐延伸至外围一重山下，原有福州盆地中制衡城市蔓延的大大小小的峰峦，也已经成为城中的山体。福州除了外围鼓山、旗山、五虎山等屏障式的高大山脉外，中心城区现有大小山体58座，呈族群状分布，总体形成了"青山环抱、峰峦点缀"的独特景观风貌（图2-1-1）。

福州市中心城区内的山体总面积约30.8平方千米，占福州盆地规模的6.8%，占福州中心城区规模的10.2%，是城市重要的生态基底。从空间分布上看，58座山体分布较为均衡，在城市内部占据各个组团的中心区位，形成城市景观风貌系统中的重要生态景观核心。城市山体从矮丘到高山、从孤峰到山脉、从缓坡到峻岭，类型不一而足，地貌十分多样。既

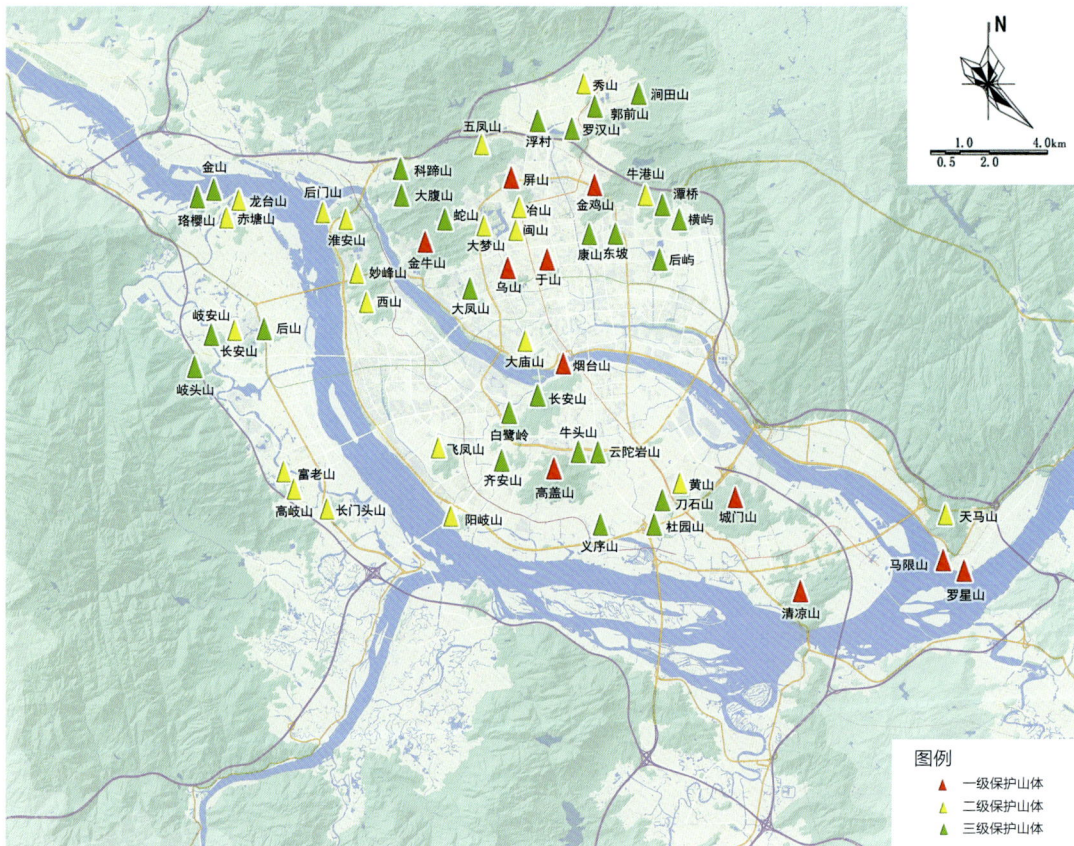

图2-1-1　福州城市山体分布（来源：何苗苗 绘）

有如乌山和于山一般，以花岗岩岩石为主的岩质山体，也有如高盖山、金鸡山一类的土层相对较厚的山体；城中大部分的山地上仅有一些小规模的溪流冲沟，除了人工设坝形成的一些小型水库坑塘以外，一般很少有大型的水面；各个山体普遍植被条件良好、森林覆盖率高、动植物生境优越；同时，作为福州古城选址的重要依托，山体同样承载了大量的历史文化遗存。福州城这些数量繁多、地貌多样、植被茂盛、胜迹遍布的城中山体，为福州城市山地福道的建设提供了很好的物质基础。

福州山体在资源禀赋、区位条件、人文要素、规模尺度、立地条件等方面的多样性，对山地福道的建设提出了较高的技术要求。山地福道应与生态格局相耦合，有机串联各类山体，促进山体的保护性利用，激发山体的开放活力，形成生态休闲空间系统；应当注重对地形地貌和原生植被环境的保护，防止产生地质灾害隐患，防止改变山体自然风貌，防止破坏原有生物群落的稳定；应当严格保护历史文化资源，十分尊重历史风貌原真性，充分展现文化资源的无穷魅力，努力构建地方文化沿革的清晰脉络；应当有利于拓展山体景观系统，并有利于营造功能配套设施和景观空间场所，满足市民与游客的多样化需求；应当克服山地地形起伏大、高程变化较为剧烈的不利因素，促进步行安全友好、步行便利友好和步行环境友好。

处于高质量发展的新时代，深嵌城市建设区域的山体福道还应与城市发展相适应，与其所处的城市发展空间环境、主导功能、用地布局等重要因子相契合，使之与城市发展相得益彰；应当注重缝合山体周边的破碎功能空间，将山体周边相互割裂的地块融合于同一开放空间系统之内，形成完整社区；应当充分发挥山体的高度、规模、空间分布等优势条件，通过山地福道网络的合理布局促使山体既成为中心城区重要的眺望对象，又是眺望城市的重要观景场所，拥有多位置、多视角、多高程的览城空间。

总之，福州山地福道的布局与建设既应当以城市生态空间格局为依托，又应当适应城市发展的时代动向；既应当严格控制对自然生态环境本底的扰动，又应当努力拓展风景游赏线路；既应当全面保护历史文化资源，又应当精心创建山地景观空间；是在"夹缝"中求发展的线性生态基础设施建设。

第二节　山地福道建设策略

从上述建设要求出发，为了更好地尊重山水城市总体格局，更好地保护自然山体地貌，更好地为人民群众提供生态福祉，福州市在建设山地福道时，着重采用以下策略。

一、选线共生策略

城市内部的山体自然生态环境都十分优越，山地步道的选线应遵循与山体和谐共生的原则，依据植被条件、景观资源分布、风景游赏策划等综合情况，合理布局福道线位方案，通过精心的线路选择，达到安全共生、环境共生、风貌共生、视野共生的自然状态。

首先，应当充分尊重山体的自然地理环境，切实保障安全，线位方案应切实避开山体滑坡、崩塌、泥石流等地质灾害隐患区域，并设置安全防护屏障；其次，应当充分掌握山体资源条件，选线既要避免对优势植被资源生长环境的破坏，更要避免对已形成的稳定生物栖息环境的干扰；再次，应当严格保护山体自然空间形态，顺应场地原有地形，坚决防止大开大挖，坚决防止涸湖填塘，坚决防止开山辟石，坚决防止毁林造路；最后，山体既是景观主体，同时也是赏景的空间主体，因此山地福道选线还应当注重线路与景观视野的统一，可藏可显（图2-2-1）。

二、选型制宜策略

山体地势错综复杂，在步道选型上应结合环境特点，采用多样化的步道断面形式，根据不同的段落情况，因地制宜地转变步道类型，宜路则路、宜桥则桥、宜洞则洞，最大程度与原有地形地貌相契合。

路基型山道是最常见的山地福道，它具有实施简便、见效快、建造成本低等优点，但也不易创建更丰富的游赏体验，适用于原有山体公园，特别是历史文化型山体园路系统的提升。路侧外挑型山道适用于原有山体公园机动车道（或观光车道）因人车分流需要而扩大断面，建造难度较低，但同样难以扩充风景游赏系统。桥梁型山道选线自由，可带来十分开敞的景观视野，并可通过桥底高度控制，为植物预留生长空间，为动物预留转移通道，具有明

图2-2-1　选线共生策略模式（来源：王文奎 摄）

（a）路侧外挑型山道

（b）穿越山洞型山道

（c）悬空型山道

（d）架桥型山道

图2-2-2　选型制宜策略模式（来源：王文奎 摄）

显的比较优势，但在造型上需注意与环境风貌协调（图2-2-2）。

三、步行友好策略

山地地形多样，大量步行道需行经陡峭路段，为了达到游赏目的且集约用地和降低建设成本，一般采用阶梯式的道路建设方案，但阶梯式步行道对行动不便的弱势群体不够友好，不能充分展示福道的共享内涵。

福州市的山道因地制宜，根据立地条件，注重提供全程贯通无障碍的通行条件，为全龄段人群创造舒适的山地慢行空间。主次步道的纵坡一般控制小于8%，同一纵坡的坡长一般控制不长于200米，特殊路段纵坡宜小于12%，极限坡度不应大于18%，长度不大于50米，超过12%应作防滑处理。为了提升脚感，步道铺装材料在满足使用强度的基础上，应因地制宜，根据不同的场地和步道形式，选用生态、坚固、耐久、经济的材料，如钢格栅、沥青、石材、透水混凝土等，防滑舒适并与周边环境相协调（图2-2-3）。

（a）满足无障碍通行的钢结构山地步道

（b）块石路面的山地步道

（c）沥青路面的山地步道

图2-2-3　步行友好策略模式（来源：王文奎 摄）

四、景致大观策略

山体是城市内部体量较大的景观资源单体，同时又是观赏城市的重要观景点，在步道选线中注重"山—城"景观界面的塑造与保护具有重要建设意义。在普查山体周边重要景观资源的基础上，明确其与山地步行空间的相对位置关系，考虑山与城之间的视线联系。根据视线廊道谋划，在视野开阔、对景条件良好的段落可设置外挑栈道、观景平台、景观桥梁等，一方面提高视线的通达性，打造富有象征意义的城市界面；另一方面可建成纵览城市风貌的山地步道，既能满足市民休闲娱乐需求，又能带来登山揽胜、登高远眺的观景视野，并有利于城市文化的展示（图2-2-4）。

五、设施镶嵌策略

作为生态公共服务产品，福道沿途多设置重要的服务设施，一般可包括驿站、廊亭、公

（a）外挑栈道　　　　　　　　　　　　　　　（b）景观桥梁

（c）观景平台　　　　　　　　　　　　　　　（d）观景亭台

图2-2-4　景致大观策略模式（来源：王文奎 摄，仓山区政府 提供）

厕、观景楼阁、停车场等。山地福道在各类设施的建设中，坚持"小而全、隐而散"的原则，根据游人容量的量化计算，在满足各类游赏服务功能需求的前提下，坚持配套建（构）筑物宜小不宜大、宜低不宜高、宜虚不宜实、宜散不宜聚的"镶嵌式"建设方法，以适应山体海拔高、视野显、影响广的景观环境特点。同时充分结合山体地形地貌，推广绿色生态建筑，结合太阳能、雨水利用等多种方法，进一步与山地环境相适应（图2-2-5）。

六、绿化抚育策略

　　山地植被环境更趋于自然，绿化工作中应注重抚育为主、建设为辅的思路。通过大规模的保育实现地带性的乡土植被保护，打造既符合生态规律，又有地方特色的植被景观；强调特色生境营造，按照不同的近自然生境条件，模拟自然的水体、湿地、林地、草地或复合型的生境；注重物种多样性，突出绿量和森林覆盖率，强化常绿和落叶、速生和慢生树以及乔灌木的合理搭配，加强植物群落层次感与生态性，给予步行者更好的慢行游览体验；调查基地所在区域的植被种类及其群落特征，提倡近自然的群落式植物配置方式和材料选择，模拟不同生境条件下的自然植被演替规律，实现山体绿化的长期低维护管理（图2-2-6）。

（a）驿站

（b）休闲廊亭

（c）公厕

（d）景观廊架

图2-2-5　设施镶嵌策略模式（来源：陈志良、王文奎、郑锴 摄）

（a）丰富物种多样性

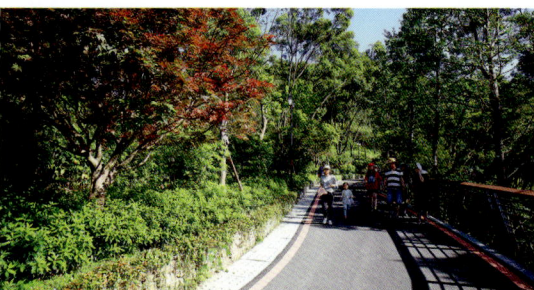
（b）突出绿量和森林覆盖率

（c）模拟自然的水体、湿地生境

图2-2-6　绿化抚育策略模式（来源：王文奎 摄）

第三节　典型山地福道实例

典型山地福道实例位置示意如图2-3-1所示。

一、金鸡山森林步道——福州首条山地悦城栈道

金鸡山森林步道位于福州市晋安区，是福州较早探索山地步道建设的示范项目，总长度8.85千米，步道宽度2.7~4.5米，于2013年至2014年建成。该步道首次实现了山地步道的无障碍要求和标准，因其舒适的步行体验，丰富的览城视线，自建成起就深受市民喜爱，被称为福州市山地步道的2.0版本。

1. 场地概况

金鸡山呈现东北、西南走向，长约3.2千米，是北峰山脉的支脉，呈楔形绿地嵌入市区

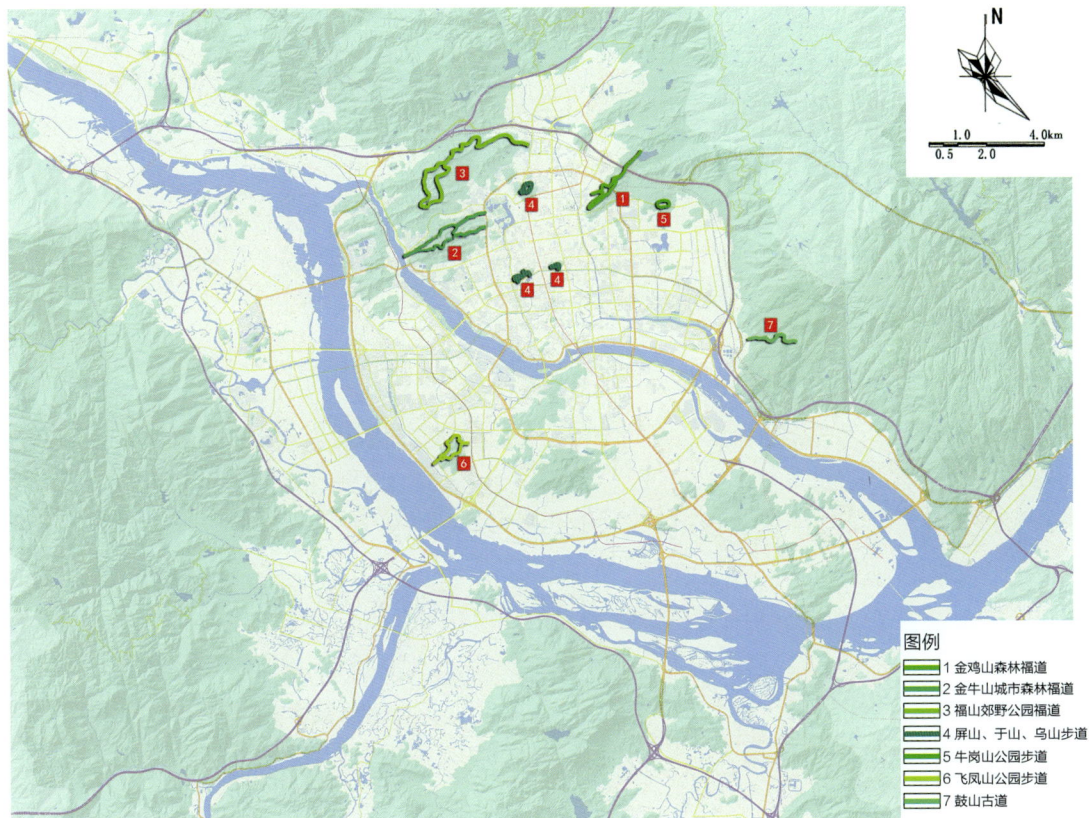

图例
1 金鸡山森林福道
2 金牛山城市森林福道
3 福山郊野公园福道
4 屏山、于山、乌山步道
5 牛岗山公园步道
6 飞凤山公园步道
7 鼓山古道

图2-3-1　典型山地福道索引（来源：何苗苗 绘）

图2-3-2　金鸡山森林步道区位（来源：程兴 绘）

（图2-3-2）。主峰海拔110米，略高于榕城"三山"之一的屏山，成为东郊诸山之首。山体花岗岩地貌，地表为中分化岩层，表土为砂质土，山势高翘，多处为陡坡。受早期山体开挖以及周边城市建设的蚕食，导致山体受损，雨季局部时常出现较严重的水土流失现象，还有山体滑坡隐患。金鸡山林木茂盛，但树种较单一，主要以相思林和马尾松为主，存在松材线虫的危害，需进行适当的林相改造，以丰富物种多样性。

　　金鸡山的人文历史可上溯到秦汉，曾出土从汉代到清代的许多珍贵文物。古籍《闽中记》载："秦始皇时，望气者云：此山有金鸡之祥"。金鸡山一带名胜古迹众多，山上有始建于唐朝的双龙寺，山下有建于唐代的地藏寺。1997年2月，金鸡山公园初建成时，开园初期有芳径熏风（梅花林）、山野牧歌（浮雕回音壁）、群鸡报晓（群鸡雕塑）等诸景，还有福建全省最大的人工瀑布。2004年后又搬迁修建了魏杰故居、南天照天君宫，增加了金鸡山的人文底蕴。

　　金鸡山因其具有深嵌入城之势与高翘狭长之形，成为福州城东片区重要的山景坐标。而山上更是具有良好的环山览城视野，既可远眺环城北峰山脉，亦可饱览周边城市景观。得益于《福州市山体保护规划》，对金鸡山周边的城市建筑高度进行了有效的控制，保护了山与城之间的视线通廊，为览城的山地步道建设提供了良好的场地条件。

　　2. 目标要求

　　金鸡山步道的建设目标是在保护山体生态环境的基础上，构建"从城市中心走进自然森林"的生态走廊步道系统，以满足各类人群登山、览城、休闲、健身的需求。具体有三方面要求：一是，在无障碍的标准下，根据"观景"视野分析，设置观景步道最适宜的高度，确保环山览城的效果；二是，通过避让易滑坡的陡峭山坡段和避免风险性工程措施，保障步道安全，使其成为公园的生命通道；三是，通过设置多个出入口，使周边居民或游客能便捷地进入步道。

3. 设计要点

（1）上位对接

金鸡山步道是市政府重点打造的闽江北岸"一横一纵"骨架步行通廊中的横向通廊，是其东段生态森林通廊。步道向西衔接温泉公园、晋安河公园，向东可达城郊登云水库（图2-3-3）。

图2-3-3　金鸡山总平面（来源：程兴 绘）

（2）线路布局

　　金鸡山森林步道线路因势利导，采用"三环、一轴、多节点"的布局（图2-3-4），将步道和栈道相结合。

　　三环：围绕三个并排山头，形成三个环形步道，环环相扣再组成一个大环。这种结构能有效控制步道绕行距离，并在高度控制上从低到高，逐级提升。三个环线各具特色：一环——环山路栈道环长约1950米，沿原环山公路从山脚入口低海拔往高处逐渐抬升；二环——览城观景栈道环长约2650米，平缓架设在海拔80～90米的环山观景高度；三环——森林体验栈道环长约1720米，在自然山林中穿梭。

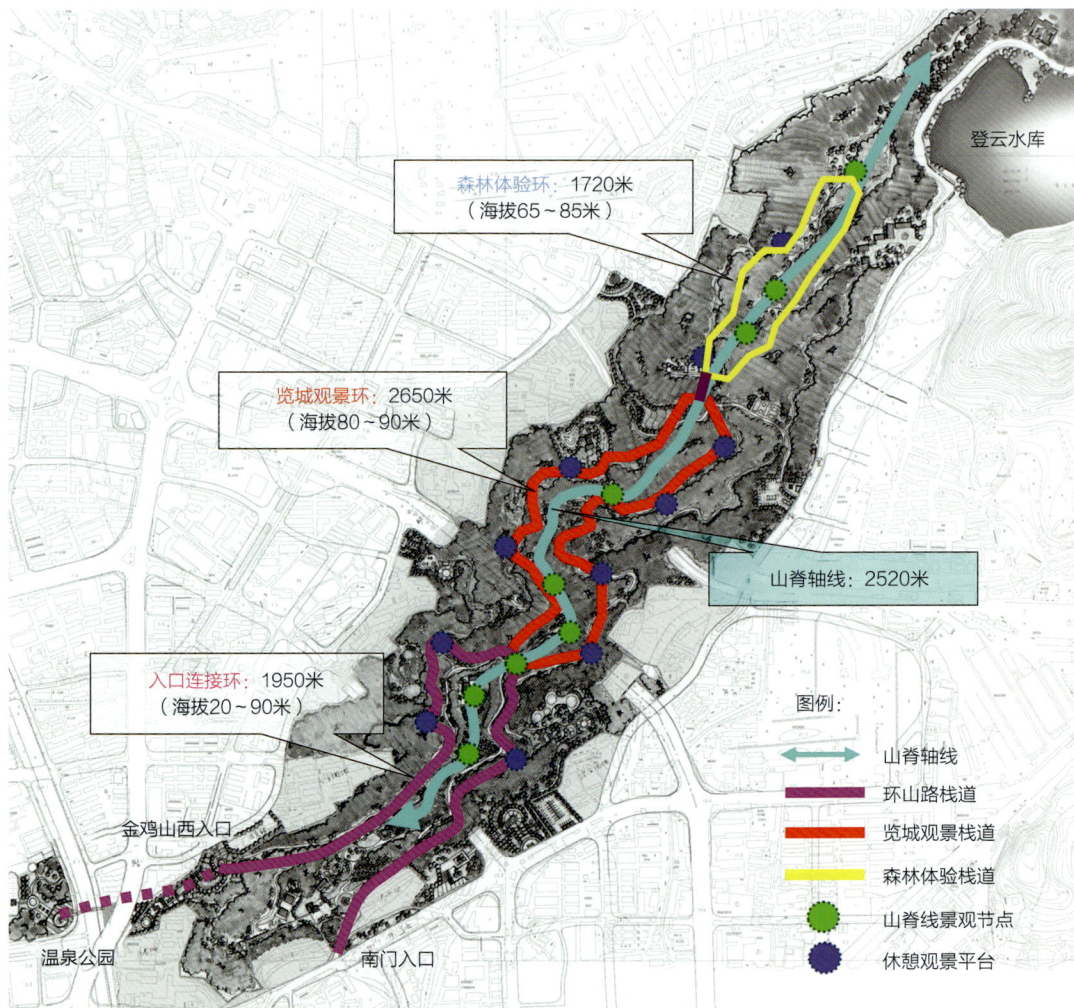

森林体验环：1720米
（海拔65～85米）

览城观景环：2650米
（海拔80～90米）

山脊轴线：2520米

入口连接环：1950米
（海拔20～90米）

登云水库

金鸡山西入口

温泉公园

南门入口

图例：
　　↔　山脊轴线
　　■　环山路栈道
　　■　览城观景栈道
　　■　森林体验栈道
　　●　山脊线景观节点
　　●　休憩观景平台

图2-3-4　金鸡山森林步道布局结构（来源：程兴 绘）

一轴：即沿金鸡山山脊线走向的休闲步道，与三个环形栈道串联一体，全长2500米，实现了西连"温泉公园"，东接"登云水库"的东西通廊要求。轴线步道局部采用桥梁形式连接步道断点，如：温泉公园步道与金鸡山公园森林步道间被晋安河与六一路阻隔，设计采用百米空中长桥跨越实现连通。山脊步道的断点，通过跨桥（如飞虹桥）连接。

多节点：即沿"一轴三环"布置的被赋予步道览城、观景、康体、养身等多种休闲功能的平台和驿站。

（3）无障碍和立体游线

金鸡山栈道是福州首条无障碍山地游步道，步道的坡度控制在8%以内，宽度结合园路等级需求设置，如：作为公园一级主园路的步道，满足消防车及应急车辆通行，净宽设置不小于4.5米；作为公园次级园路的步道，只需满足无障碍的步行需求，栈道净宽在2.5~3.5米之间。

环山路栈道是长坡步道，设计中在山体边缘采用悬挑木栈道来拓展出步行空间，栈道与环山景区公路之间保留行道树及绿化隔离带，实现人车分离，避免坡道上游览车和人的碰撞风险（图2-3-5）。

而览城栈道完全采用钢构架空的栈道形式，沿线设置有多个出入口，与山脊线走廊、登山步道上下衔接，共同构成金鸡山立体的步道游线网络。

4.特色亮点

（1）悦城走廊，"栈行空中，阅览榕城"成为一项新体验

以自然生态为基底，高架栈道标高控制在海拔80~90米之间，逶迤穿行在清新的山林间，绿冠花果触手可及。栈道一侧有高坡大树绿冠伸张庇护，另一侧则览榕城美景和远景山峦。4.5米净宽设计，可行可跑，还能满足公园管理车辆通行要求。栈道上布置观景休憩台、休闲驿站，满足游客的多种休闲需求。栈道总体采用钢构高架设计，栈道基础结构的边坡支护结合生态护坡挡墙覆土绿化，快速恢复稳定的绿色生态基底（图2-3-6）。

（2）文化融景，富有地域情怀的景观地标设施

览城栈道与山脊走廊上串联着茉莉花观景台、夜光塔、飞虹

图2-3-5　金鸡山森林步道（来源：王文奎 摄）

桥、茉莉花茶主题馆等，既是独具韵味的金鸡山人文景观带，也是城市景观地标。尤其是茉莉花观景台，宛若仙子遗落在林间的茉莉花项坠。三层"花瓣"被分别赋予观景台、咖啡馆、福州名小吃、金鸡讲坛等功能。栈道边坡上的散花台，形似三个散落的花瓣，与茉莉花观景台相呼应。山顶观景台的茉莉花茶主题馆是休闲品茶及福州茉莉花茶文化展示的平台（图2-3-7）。

图2-3-6　金鸡山栈道鸟瞰（来源：程惠萍 摄）

图2-3-7　茉莉花观景台（来源：包华 摄）

（3）风景林改造，栈道沿线绿化景观季相变化丰富

金鸡山的生态林较为低效单一，主要以相思树和马尾松为主。通过沿览城栈道两侧进行生态修复和种植大量开花乔木，使栈道蜿蜒在季相丰富的风景林上。特别是春夏季，梅花林、早樱、晚樱、桃花坡、羊蹄甲等吸引了大量游客前来栈道赏花（图2-3-8）。

（4）生命通道，兼具山地防灾避险功能的栈道

通过强化栈道结构，使金鸡山栈道可通行管理车、消防车、急救车等，山地茉莉花茶主题馆配备有消防水池，全线布设消防管栓、应急广播等。以此形成金鸡山的森林消防通道与生命急救通道。

5. 建设成效

金鸡山森林步道建成后，环境发生巨大蜕变，人文亮点增多，生态更加宜人。"栈行空中，阅览榕城"成为金鸡山最具吸引力的一项休闲活动，原本冷清的公园，现在成为福州市"十大人气公园"之一，获得各界人士一致好评，慕名而来的游客日益增多。良好生态环境，吸引了许多鸟类来觅食栖憩，福建省观鸟协会工作人员在此发现了白腹鸫、栗背短脚鹎、黄眉柳莺、大山雀、赤红山椒鸟等16种鸟。2017年获评国家AAA级旅游景区，并获得了福建省勘察设计一等奖、全国勘察设计三等奖，2020年获得了中国风景园林优秀工程类三等奖。

虽然深受市民喜爱，但也存在一些遗憾和不足。一是栈道依据市政桥梁标准设计，其钢构栈道结构较为粗大，影响山地景观风貌；二是和传统山地项目一样，为满足大型构建材料的运输吊装，施工过程中开挖了较大的施工使道，给环境带来一定损伤，需逐步进行生态修复（图2-3-9）。

图2-3-8　栈道沿途的赏花风景林（来源：林淑琴 摄）

图2-3-9　生态恢复过程（来源：程兴 摄）

二、金牛山城市森林步道——福州"福道"的命名地

　　金牛山城市森林步道，是首次采用超长全钢结构的山地林端无障碍步道，是继金鸡山森林步道项目后，福州对山地步道的进一步探索实践，是官方正式以"福道"命名的福州山地步道。游线系统总长约21.2千米，由长约9千米的"Y"形单柱架空步道主线，6.2千米的车行道和6千米的登山步道组成，共规划10个出入口与城市对接。沿主线共有七座地标性服务建筑物，两座特色景观桥，是一条连接"城—湖—山—江"，集健身、休闲、览城于一体的绿色走廊，服务于周边约20万人口及外来游客。漫步福道，可谓"移步异景望江城，止步回首观山岳。轻歌平履踏银龙，登顶顺脊伏金牛"。该项目实现了山地项目的装配式、低干扰施工，既满足了全程无障碍，又将对山林环境的影响减小到最低限度，被称为福州山地步道的3.0版本。

1. 场地概况

　　金牛山位于福州市鼓楼区西部，最高海拔163米，山体范围约174公顷，项目涉及范围约48公顷。大致呈西南—东北走向，由蛇山、梅峰山、后县山、金牛山等山头相连，总体

图2-3-10　金牛山区位（来源：黄贝琪 绘）

上西段宽，东段狭窄，其中临近左海公园的东段最窄处仅50米。场地东临西环北路、南侧为杨桥西路、西侧为洪甘路、北侧为梁厝路和梅峰路，都是城市主要干道。周边以居住区、学校、部队和单位用地为主，兼有少量商业用地，山体几乎被上述城市建设用地包围。其主要问题可总结为"用地少、高差大、地质脆、缺人文、观景难、体验差"（图2-3-10）。

金牛山属于典型低丘陵地貌，其山脚处经多年城市建设和采石，破坏较为严重、地形破碎崎岖，与建设用地交界处均为高边坡挡墙或裸露岩石切面。现状山路沿线可看到多处滑坡、崩塌、断层及不均匀沉降对山体和道路造成的影响，例如马刀树、公路裂缝等，地质情况相对复杂。较大断层数量众多，且断层形态各异。

金牛山缺乏自然人文要素，既无奇峰怪石、溪流瀑布，也未发现摩崖石刻、镇山的亭台塔楼或传说故事，景观资源十分有限。但也得益于其位于城中的优势，有多处览城观景的视点，可借景周边。山中缺少水资源，仅有的少量池塘水体黑臭，亟需生态修复。动植物生态条件相对较好，种类丰富，尤其是鸟类品种较多，具备生态旅游特别是城市生态观鸟的潜力。山地现状设施分布不均且陈旧，主要集中在既有的金牛山公园和金牛山体育公园小范围里，其他区域极少或没有设施。

2. 目标要求

在保护山林植被的基础上，通过高标准的步道建设，活化利用福州鼓楼、台江核心区边缘最大规模的山林地。利用金牛山的步道串联起"江—河—湖—山"的丰富山水资源和生态基底，并通过以用促保的策略，打造金牛山丰富的山地休闲健身步道和服务设施，发挥金牛山山地森林的综合生态服务功能，将金牛山良好的生态环境更好地造福于民，同时也强化了全社会对金牛山的监督和保护（图2-3-11）。在步道建设上，引入国际先进的经验，探索低影响、装配式、无障碍、生态优的步道建设方式，力争打造福州步道建设的新名片，实现绿色生态建设与各类人群使用需求的协调统一。

3. 设计要点

（1）上位对接

作为福州市十大品牌绿道中"湖光山色绿道"的主要区段，福道向东衔接西湖左海所在的"榕城探古绿道"，向西衔接国光公园所在的"闽江北岸绿道"，它的建成使福州市的绿道网更具系统性、连贯性、完整性和多样性（图2-3-12）。

（2）线路格局

福道线路为叶脉状的一主线八分支结构形式，综合考虑坡度适宜性、建设适宜性、览城观景性、节点独特性、地质安全性、部队保密性等因素而选定。其中，长达6千米的钢结构主轴线串联了多个重要节点，并总体划分了览福州古韵、望城北群山、眺福州新老城和闽江的三个览城视觉体验区段。同时，支线与出入口连通，承担了更多的功能性和游赏性（图2-3-13、图2-3-14）。

图2-3-11　嵌入城区的金牛山及森林步道（来源：王文奎 摄）

图2-3-12　金牛山森林步道总平面导览（来源：福州市鼓楼区福道公园服务中心 提供）

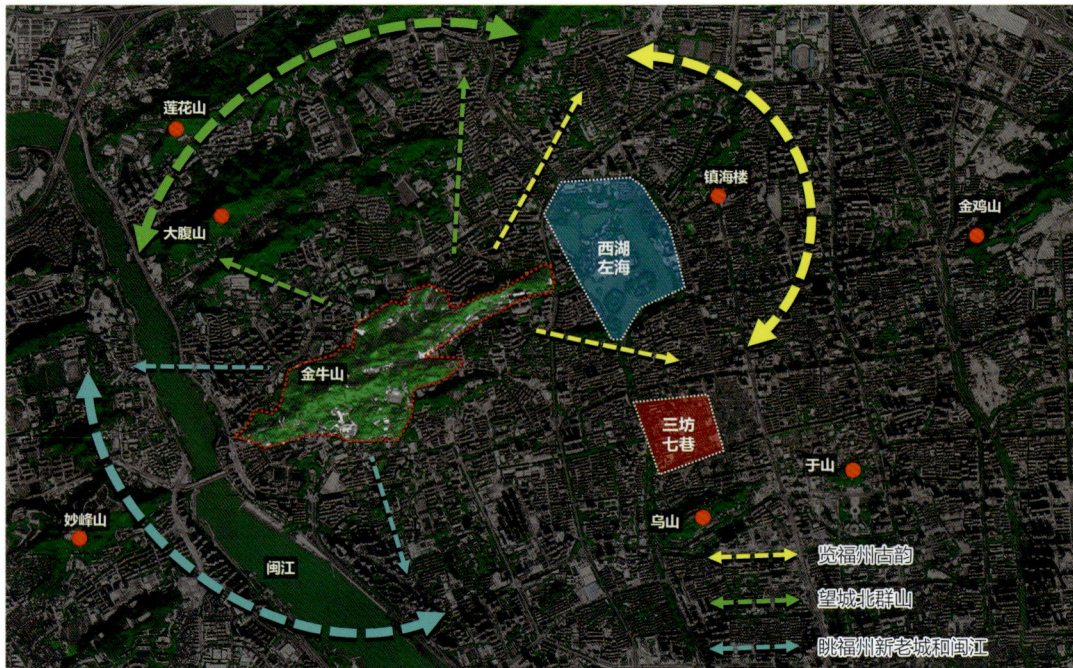

图2-3-13　金牛山森林步道视域分析（来源：黄贝琪 绘）

图2-3-14　金牛山森林步道可一览闽江和城区（来源：LOOK Architects 提供）

（3）步道创新

探索新型钢结构山地架空步道形式，既克服了各处山边入口用地不足的局限，也克服了复杂地形下实现无障碍的挑战。通过架空步道与车行道和登山步道的相互串联，还构成了易疏散、多选择的立体游线网络。架空步道每500米设置一个接地疏散楼梯，与登山步道或车行道相衔接，不但满足快速疏散的需求，还可使游线组合灵活、游览时间可控，多数环线可做到进出不走回头路，极大地方便了游人，更提高了安全性。

图2-3-15　金牛山森林步道无障碍钢结构栈道的优美线型（来源：陈鹤 摄）

图2-3-16　老少乐行的无障碍金牛山森林步道（来源：王文奎 摄）

图2-3-17　模块化设计和微创施工无需开挖施工便道（来源：薛东波 提供）

4. 特色亮点

（1）彰显结构美学的无障碍栈道

栈道是山地公园的主要构筑物，需兼顾功能与美学。福道的步道样式围绕生态、舒适和美学展开，2.4米宽的步道，既轻巧又满足无障碍使用需求，可供两个大人和一部轮椅同时通行。通透的钢隔板踏面，使栈道下方的植物能够自由享受阳光雨露。"Y"形单柱落地，造型轻巧且对山地几乎零损伤。弧线栈道线形贴合场地，流畅的走线符合传统审美。模块化组合形式，在提高设计施工效率的同时，也体现了稳定的美感（图2-3-15、图2-3-16）。

（2）模块化设计和微创施工

为了实现山地的微创式建设，针对栈道主体结构，从设计阶段就提前构想施工可能面对的问题。采用BIM技术辅助设计，预先搭建8大栈道模块组和螺栓连接的策略，以避免开挖大型施工便道、减少施工污染和山火风险、精细化安装弧线形结构、提高现场施工效率等。为生态化微创施工留下更多的操作空间和可能性，施工过程中很好地保护了场地的地形地貌和植被（图2-3-17）。

（3）植被的保护修复和增色

金牛山因人为破坏产生了许多"斑秃"，本项目的山体绿化倡导以生态修复为目标的"保护设计"。一方面，填补"斑秃"，恢复山体基本背景林；另一方面，在出入口节点和受破坏较严重的地块，进行特色绿化补植，尤其是结合植被修复，增加季相林的运用，丰富了步道沿线的植被景观。如：3号入口梅峰湖补植的池杉湿地，结合水下森林系统，既具有生态美又实现了水环境自净化的功能（图2-3-18～图2-3-20）。

图2-3-18　栈道沿线精心保护的原生林荫（来源：王文奎 摄）

图2-3-19　金牛山梅峰湖的多彩春秋（来源：左上、右上图：陈鹤 摄，下图：王文奎 摄）

图2-3-20　金牛山梅峰湖的水下森林（来源：王文奎 摄）

（4）环境友好型地标

针对高边坡、悬崖和陡峭山地，采用创新设计理念，建设与环境契合、功能性强且造型独特的地标设施。使配套设施在满足使用功能的同时，还成为区域的景观符号。如5号入口——局促空间中的环形坡道高差消化策略、6号入口——福建首座大跨双曲桁架桥梁（图2-3-21）。

（5）自净化山地海绵系统

福道的核心入口梅峰山地公园，是全国首批完成的山地海绵项目，对公园所在汇水分区雨水进行控制，实现了源头减排，不但满足游览休憩需求，还提升雨洪管控能力。主要通过"山地环境下的海绵定位、塑造利于汇水的总体地形、不损伤山地自然透水下垫面、系统化组织山地环境下的雨水流通及收纳路径、实现湖体自净的水生态净化系统"五大策略实现（图2-3-22、图2-3-23）。

（6）兼顾生态经济效益

金牛山福道首次采用全钢结构栈道形式，在解决用地不足、地形复杂和无障碍要求的同时，也很好地兼顾了生态和经济两方面。通过与同时期福州典型山体步道横向对比，福道的全钢结构架空栈道生态性好、环境破坏极小、综合单价与其他类型栈道相当，且钢作为主材回收率可达约70%，从长期来讲也符合国家生态建设的总体要求。

5. 建设成效

　　金牛山森林步道开创了国内无障碍全钢架悬空栈道的先河，是福州的一张城市名片，被百姓称为"走在上面感到很幸福"的步道（图2-3-24）。2018年起，福道接待了大量国内外专家和政府部门组织的考察组，并多次被央视等各级媒体专题报道。作为具有代表性的山地步道项目，被许多专业书籍收入介绍，如：作为典型案例被采录2016年住房和城乡建设部编制的《绿道规划设计导则》、2020年《风景园林设计资料

山地海绵系统串联流程： A. 山体过滤多塘→B. 山脚的生态植草沟→C. 大小雨水花园组合→D. 环湖草坡→E. 环湖湿地→F. 5000立方米一级蓄水湖→G. 2000立方米二级蓄水湖。

图2-3-22　梅峰山地公园的山地海绵系统（来源：黄贝琪 绘）

图2-3-21　环境友好型的福道入口地标
（来源：上图：福州市鼓楼区福道公园服务中心提供，中图：王文奎 摄，下图：王文奎 摄）

图2-3-23　梅峰山地公园的山地海绵设施（来源：黄贝琪 摄）

图2-3-24   深受百姓喜爱的金牛山森林步道（来源：王文奎 摄）

集（第二版）城市景观分册》和2021年《福建省福道规划建设标准》。作为优秀作品，陆续被《Cubes》《Landscape Design》《Architecture Asia》《Southeast Asia Building Green》《Skyline》《Masil WIDE》等许多专业性杂志收录。2017年，在联合国粮食及农业组织的一本专刊中，向世界各国重点介绍福州市推进森城城市建设情况，也将福道作为代表性的项目在封面推荐。

创新的建设理念和建造技术，使金牛山福道获得了新加坡总统设计奖、国际建筑奖、中国土木工程学会"詹天佑奖"、三联人文城市奖（生态友好奖）等国内外多项重量级的奖项，还获得中国钢结构金奖、省级科技奖、多项发明专利和实用新型专利，在工程规划设计和施工工艺方面创新成果丰硕，在国内起到示范引领作用，对国内休闲健身步道的应用推广产生了积极的影响。经专家组科技鉴定，福道有4项技术达到国际水平。

虽然获得了诸多荣誉，但也有一些值得反思的问题。第一，2.4米的宽度，使得人流数量受限，无法满足大型团建和群体性的休闲健身活动需求；其次，以步行为主的游览方式较为单一，对活动形式有一定的局限性，加之山地功能建筑的建设难度大、数量少，配套设施规模较难满足市民需求；第三，由于金牛山地处城区边缘非重要名胜，所以全钢结构栈道为金牛山创造了一道独特的风景线，但是对于一些历史名山或城市重要的景观格局山体，需谨慎采用，避免影响整体风貌。

三、福山郊野公园步道——成为生态文明建设示范地的郊野福道

福山郊野公园位于福州市鼓楼区城市西北片区，是福建省2017年的省重点项目。公园步道总长24千米，建设范围120公顷，辐射城市西片区约30万人。项目通过步道将大腹山、五凤山、科蹄山串联形成整体，打造24个重要节点，连接了周围居民区并设有多个出入口，与福州软件园各个园区相依相融，成为老百姓家门口和软件园的休闲健身步道。福山郊野公园是福州城市山地公园和休闲步道不断探索发展的成果，其规划设计返璞归真，很好地兼顾了"生态保护、风景营造、人性化要求和经济实用性"，成为福州市生态文明的教育基地。郊野福道因其"生态好、景色美，设施全、文化浓，产业兴、百姓赞"被称为福州山地步道的4.0版本（图2-3-25）。

1. 场地概况

福山郊野公园的用地范围涉及大腹山、五凤山、科蹄山等三座山体，是福州城市西北片区原生态氛围较为浓厚的区域。场地内地形复杂，有山谷、溪涧、陡崖等，总体生态条件优越，但植被以相思树和桉树为主，林相较为单一。与其他山地公园不同的是，经多年城市开发，本项目的山林地已和许多已建和待建的建设用地斑块嵌合，但山上仍然没有任何设施，人迹罕至，良好的生态资源未能充分与社会共享。"百姓有需求，园区有期待"，这片区域成为福州亟待提升改造以造福于民的山林地。

图2-3-25　福山郊野公园的祈福台可远眺福州城（来源：王文奎 摄）

2. 目标要求

作为"打造生态休闲空间、建设山水特色步道"的代表项目，在总结以往山地步道建设经验的基础上，通过技术"再"优化、理念"再"创新，打造人与自然和谐共生的示范样板。在保护山体生态环境的前提下，探索更加符合城市山林地复杂条件下的步道建设形式；在山林地和城市建设用地高度交错相融的条件下，探索城园共荣的发展模式；并通过"以路串景""以文铸魂"，注重将福文化与生态融合，发动市民一起挖掘"福文化"，讲好"福故事"，塑造"来福州、登福山、走福道、沾福气"的福文化IP。

3. 设计要点

（1）线路与周边衔接

福山郊野公园步道的线路规划起到串联山、城、居、园的纽带作用，充分考虑周边居民的便捷可达性，形成了半小时步行漫步环、一小时览城观景环、两小时山野森境体验环，同时满足登高、健身、览城、沐林等不同体验。

（2）公园选线布局

福山郊野公园的步道网络以主轴线为骨架，多支线连接各生态景观节点，围绕"福山"和"森境"两大主题，串联福康广场、茉莉花房、岩石园、祈福台、桃花源、福源洞、福云台、福榕园、福象台、福竹园、西岭福田、卧牛潭、义井公园、体育公园等福山二十四景节点，形成看山、水、城的优越观景条件。再结合软件园区内的交通体系以及周边的居民区，合理布置郊野生态公园出入口，打造与城区和产业园有机融合的山地生态休闲公园（图2-3-26）。

（3）步道设计和探索

福山郊野公园秉承生态郊野理念，在步道设计的形式上，以无障碍通行为基本条件，既考虑满足日常休闲健身的需求，又作为城市重要的绿色开放空间，满足市民群体性活动的需求和较大规模的通行需要。同时作为郊野型山地公园，强调步道的生态性、低影响、低干扰，融于整体的山林氛围，营造丰富多样的步行环境。因此步道的选型和线位顺应山势，形式丰富组合灵活，探索了适应郊野型山地公园的步道类型（图2-3-27）。

4. 特色亮点

（1）技术精进，用心呵护山林生态

福州西郊山多人密，大量楼宇环绕群山，却"看山难进山、见绿难享绿"。在响应百姓需求拓展山地休闲空间的同时，保护山形地貌和植被是必须直面的挑战。主要通过三个措施解决：一是公园步道"因山就势、因地制宜"，宜路则路、宜桥则桥、宜洞则洞（图2-3-28），用最优线位匹配山地环境，也为山林植被的优化改善提供了实施条件；二是"模数化预制装配"的桥梁，人工挖孔桩基础的应用，路基段"多填少挖"的创新方式，结合远距离加压泵送低标号的粉煤灰混凝土等策略，实现了山地步道的"无便道"施工（图2-3-29）；

图2-3-26　福山郊野公园总平面（来源：陈志良 绘）

图2-3-27　福山郊野公园红叶谷景区的蜿蜒福道（来源：林鹏飞 摄）

三是，以城市双修和海绵城市的理念为指导，以近自然的手法修复山体受损点，改善林相，打造茉莉园、岩石园、红叶谷等特色景点，顺应山势组织地表径流，消纳滞洪、汇水成溪、聚水成潭，造就桃花潭、卧牛潭等山水意境（图2-3-30）。

（2）巧妙选线，身在城中却享山林森境

项目周边有机关单位、软件园、居民区、学校、铁路等，用地错综复杂。设计坚持用脚丈量、在复杂的用地内"巧辟蹊径""化劣为奇"组织游线，形成蜿蜒辗转、步移景异的效果。制高点可览城远眺、居山谷则空寂幽静；步林荫拂山风之悠然，出隧洞感豁然之意境。郊野福道犹如长龙在葱翠苍绿间若隐若现，同山水榕城共生，实现"不出城市而获山林怡"。

（3）便民利民，化良好生态为百姓之福

无障碍贯通为福山郊野公园的最基本要求，全线小于8%的步道纵坡，男女老幼皆可全

| （a）宜路则路 | （b）宜桥则桥 | （c）宜洞则洞 |

图2-3-28　因山就势、因地制宜的福山步道（来源：王文奎 摄）

图2-3-29　无障碍步道采用模数化预制装配及无便道施工（来源：陈志良 摄）

（a）桃花源　　　　　　　　　　　　　　　　　　（b）卧牛潭

图2-3-30　顺应山势打造的景点（来源：郭光杰、陈志良 摄）

程通行，4～6米的路宽可满足不同规模团体的活动需求。智慧导览优化市民的游赏体验，预警系统呵护百姓游览的安全，沿途配置的驿站、凉亭和各类智能舒适的服务设施。这些特点使福山成为百姓周末休闲、健身、交友、聚会的最爱之所（图2-3-31）。5大主入口和20多个便捷入口，与周围居民区、福州软件园等的无缝衔接，让福州的山林资源能为百姓共享。

（4）文化植入，在自然美景中讲好"福"文化

有福之州最喜"福"文化。将福文化与生态融合，发动市民一起挖掘"福"，讲好"福"的故事，是公园的一大特点。登高揽胜的祈"福"台，是市民祈福观景的打卡点；"福"光隧道，可小憩喝杯洞窟咖啡；复行数十步豁然开朗的"福"源洞，可再现桃花源记的意境，成为放空心情、避世喧嚣的佳所；还有摹刻朱熹手记的"福"字坪、寓意吉祥的象形岩石"福"象台，以及福榕园、吟福台等15处节点，将"福"深刻地融入山林野趣中（图2-3-32）。

（a）与彩虹结合的步道儿童活动基地　　　　　　　（b）西岭福田的茶室讲堂

图2-3-31　一些风景优美的网红服务设施（来源：林鹏飞 摄）

（5）植被优化，生物多样性提升

依托步道系统的建设，为山体的植被优化和生物多样性提升创造了条件。通过生物栖息地环境营造、林相优化、生态保护修复等措施，郊野公园成为福州中心城区生物多样性指标最丰富的区域。根据专业机构监测统计，项目建成后，植物种类从48种增加至217种，有两栖及昆虫约553种，鸟类138种。福州市民评价郊野福道有"三最"：福道最长、生物多样性最多和最美的观鸟道（图2-3-33）。

5. 建设成效

公园开放以来深受市民关注，也接待了大量的考察交流团。据统计，公园开放以来，每天游人量约有1万人次，周末可达3万人次以上，全年接待500万人次以上。几乎每周都有2~3场各类团体组织的群众健身和团建活动，百姓纷纷点赞。公园不仅服务市民，更和福州软件园交融为一体，极大地改善了园区环境，福道甚至成为员工上班的通勤路。软件园也被称为"花园中的软件园"，吸引了大批数字经济企业慕名落户。目前福州软件园正在打造

（a）福字坪

（b）福象台

（c）祈福台

（d）福榕园

图2-3-32 "福"景点（来源：陈志良、林鹏飞、王文奎 摄）

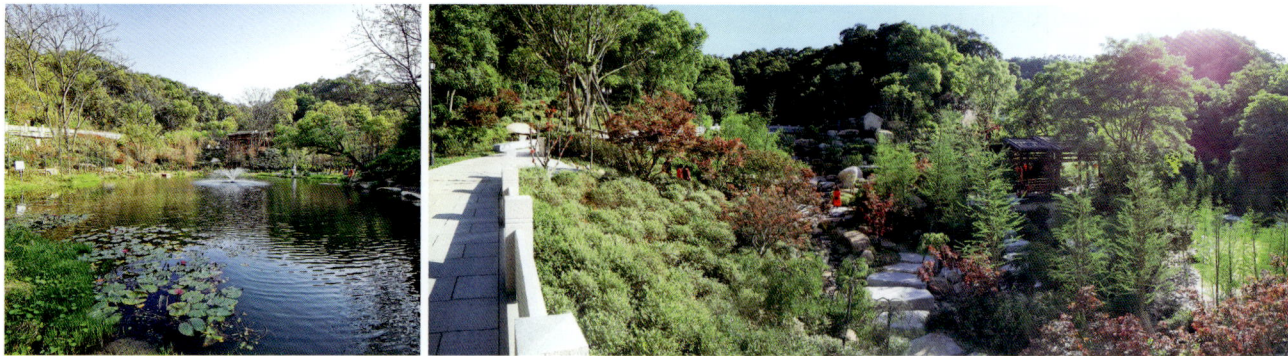

图2-3-33　福道边的桃花潭及其周围丰富的林相景观（来源：王文奎 摄）

"中国最美数谷"，这也是"城园一体、公园城市"的生动实践（图2-3-34、图2-3-35）。

福山郊野公园获得了许多奖项，2017年获得福建省"闽江杯"园林景观优质工程奖、全省城建拉练示范项目第一名，2019年获得福建省优秀工程勘察设计奖一等奖，2021年获得中国风景园林学会科学技术奖规划设计一等奖，2022年获得全国优秀工程勘察设计园林景观设计二等奖等。福建省也以此为范本之一，推动指导全省"万里福道"的建设。

2021年3月24日，习近平总书记来福州调研，在福山郊野公园，他乘坐电瓶车实地考察了"郊野福道"，登上"祈福台"远眺城市新貌，了解城市建设情况，并在福榕园与市民亲切交流。目前福山郊野公园已成为生态文明建设的重要示范基地，产生了广泛的社会影响力。

四、屏山、于山、乌山步道——历史文化名胜山体的步道建设

屏山、于山和乌山，这三山是福州古城的重要地理标志，福州古称"三山"即源于此。

图2-3-34　群众活动场景（来源：鼓楼区委 提供）

图2-3-35　福山公园与软件园相邻（来源：建工集团 提供）

城内三山鼎立，白塔乌塔两塔对峙，闽江横贯城区，构成福州古城"三山两塔一条江"的独特城市格局（图2-3-36）。三山，承载着福州悠久的历史文化，也是城市中心区重要的生态休闲空间，因此也有许多社会呼声，希望在保护名山、还山于民的基础上，更好地设置步道，以满足市民登山休闲健身、领略名山胜景的需求。针对三山这样特殊的地位和风貌资源，从步道的规划、设计到施工的各个环节，都与一般山地步道有不同的理念和方法，需以文献研究、资源调查、遗存发掘为基础，以文物保护为前提，以整体空间和风貌营造为要点，结合山体修复和游览组织，来合理布置优化步行线路。

1. 场地概况

屏山又称越王山，位于福州古城北部，形似屏扆坐北朝南，海拔约67米。屏山古时为闽越王定都之地，山之南麓即为古城"冶城"所在地，历代多为行政机关和百姓聚居之地。明朝曾于山上建城楼，即镇海楼，该楼于2009年重建，古时登楼眺望可极目闽江，现在也是福州登楼览城的制高点之一（图2-3-37）。山地公园部分位于山顶和北坡，主要围绕着镇海楼建设，总面积约5.2公顷，场地内有天泉池、泉山堂、玩琴石，相传为闽越王鼓琴处，山下一泓清泉，传为闽越王的饮马泉。

于山又称九仙山，位于福州古城东南隅，海拔约58.6米，山体总面积约11.9公顷。相传汉初，闽越王无诸于重阳节在于山九日台登高望远、宴饮歌舞。于山形似巨鳌，有"六鳌"胜迹和"二十四奇景"，随处可见摩崖题刻，周围山麓多名人故居、精舍、书院、藏书楼等，是福州重要的文教科举重地，尤以鳌峰书院、状元峰、状元道等景点最为著名。此外，于山有许多宗教建筑，佛、道、基督等皆有，戚公祠是福州古厝的重要代表之一。山顶的九日台音乐厅、山南的五一广场观礼台和于山堂，也是当代福州城的重要公共文化和服务设施（图2-3-38）。

乌山是三山之首，位于古城西南隅，又称"射乌山"，有"蓬莱仙境"的美称。可游览面积约25公顷，最高处邻霄台的海拔约86.4米，是福州古人登高祭天之处（图2-3-39）。山体东麓的乌塔，连同于山的白塔，构成了福州"两塔对峙"的经典格局。乌山风景秀丽，名胜古迹众多，自唐代起即成为著名

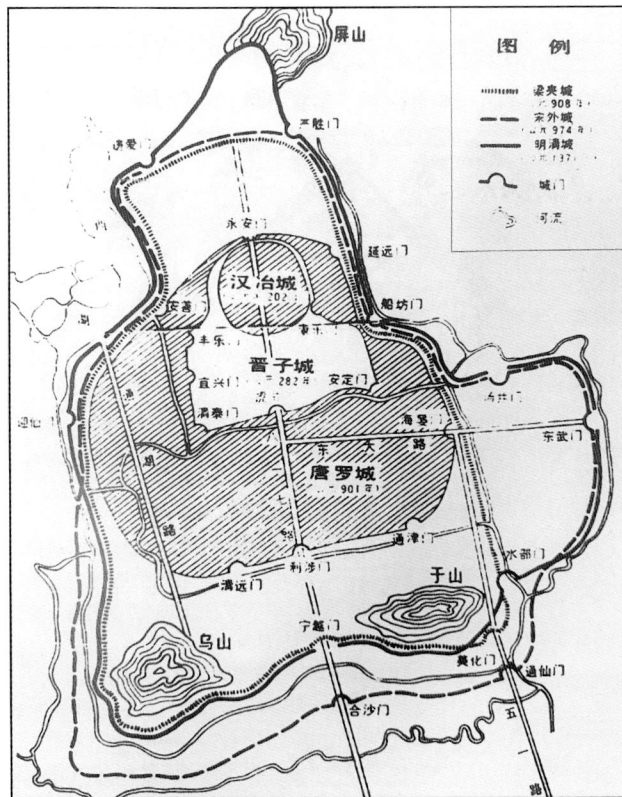

图2-3-36　福州古城变迁和三山分布（来源：《福州城乡建设志》）

图2-3-37 屏山及镇海楼全景（来源：石磊磊 摄）

图2-3-38 于山全景（来源：石磊磊 摄）

图2-3-39 乌山全景（来源：王文奎 摄）

的风景胜地，据志书记载有"三十六奇景"之说，以奇榕巨石、摩崖题刻、宗教文化、传统巷弄、山地民居和优美的自然景观风貌为特色。现存的摩崖石刻有200多处，篆、隶、楷、行、草各臻其妙，尤以李阳冰（唐）的篆书、米芾（宋）的行书、叶向高（明）的草书最为弥足珍贵。

　　三山均为花岗岩岩体，但是受流水侵蚀和后期人类建设等影响，呈现出一定的地质地貌差异。屏山自然基岩出露较少，以厚度不等的残积层和坡积层为主。于山和乌山则不同，晋代建子城时，尚为海湾中的岛屿，山势陡峭，基岩出露，也为于山、乌山形成大量的摩崖石刻提供了很好的条件。

　　三座山也呈现出不同的植被特征。屏山土层深厚、草树繁茂，群落较为丰富。于山和乌山花岗岩裸露，山石嶙峋、奇岩怪洞，相对土层浅薄，植物相对集中于坡地和土层深厚处，

（a）乌山邻霄台与屏山镇海楼视廊旧影

（b）于山与乌山视廊旧影

（c）乌山看向于山的视廊旧影

图2-3-40　古城和三山视廊

虽种类不多，但古木参天，特别是榕树和奇石结合，形成了特殊的景致。如于山有"榕寿岩"，乌山有"十三太保榕"，都是别处难觅的奇景。

三山奠定了福州古城的格局，《福州历史文化名城保护规划》中明确提出，保护以三山作为古城空间格局核心的重要地位。因此三山对于福州的意义，不仅仅在山体的本身，更在于三山构成了古城的格局，三山通视也成为福州历史文化名城的重要特征（图2-3-40）。但由于快速城市化进程中的一些历史原因，古城三山及视廊受到了不同程度的破坏，山体周围和山体被部分建设侵占，山体受损、入口难寻、步道不连、视廊视线受阻。因此，结合步道建设，搬迁建筑，还山于民，优化观景空间和视线组织，推动"显山露水"，重现或强化三山视廊的格局，成为民之所求的社会共识。

2. 目标要求

三山作为福州历史文化名城的地标，总体上步道的建设应以"道"为契机，尽可能地实现山地步道的人性化要求。除了让更多的百姓和游客登临三山，享受古城中心的山林之乐外，还能更好地推动古城三山的历史义化保护和修复，实现四个"保护和展示"，体现步道建设"以用促保"的积极作用。

（1）保护和展示格局

保护和展示三山在福州古城格局中独特的地位和空间特征，这是三山保护和步道设置有别于其他山体步道最大的要点。通过还山于民，重获契机展示三山格局，步道的选线和观景点的选择，也应尽可能地体现上述之格局。

（2）保护和展示遗存

三山有大量的文物古迹，不仅包含了许多古建筑，还有大量摩崖石刻等遗存，随着步道建设和搬迁不协调建筑，一批湮没已久的历史文化遗存得以再现风采。

（3）保护和展示风貌

三山不仅有独特的地形地貌，还留下具有各年代风貌特征的建筑，步道的形式需与山地环境和建筑风貌协调一致，宜路则路、宜阶则阶、宜巷则巷、宜桥则桥，充分展现三山各自的魅力特色。

（4）保护和展示人文

三山也留下了众多民俗、节事、信仰等非物质文化，人文资源丰富，凸显步道沿线的人文景观也成为整治提升的要点之一。

总体而言，三山步道是兼顾自然生态和历史人文的典型山地步道，在上述保护和展示的基础上，修复山体生态、改善游赏环境、完善服务设施，特别是优化步行环境条件，尽可能地营造无障碍和舒适的步行环境，使之成为古城山地名胜区的示范性步道。

3. 设计概要

三山总的整治提升面积约42公顷，打造了各类型休闲步道约12千米，通过保护和整饬古城名山的整体风貌，一定程度上再现和强化了三山的空间格局关系。同时通过保护历史文化遗存，串联景区、景点以及山体外围的城市慢行系统，并参照AAAAA景区标准完善沿路环境和服务设施，以更好地服务市民和游客。

（1）屏山

屏山步道建设与公园整治提升相结合，将山体保护作为第一原则，以镇海楼为中心，外迁不协调建筑，强化了屏山入口空间与整体山地环境的融合。结合人文景点的恢复和休闲步道的增设，打造了以"开闽拓越，镇海拥屏"为主题的历史风貌区（图2-3-41、图2-3-42）。

屏山步道在原有台阶登山道的基础上，因山就势修建无障碍休闲步道，宽1.8～2.5米不等，坡度控制在5%左右。同时对原登山道进行改造，加大了踏面宽度，将自然错落式的阶梯与无障碍坡道相结合，多点交叉丰富路径，串联各个景点，打造出老少皆宜的历史文化名山山地步行系统（图2-3-43、图2-3-44）。步道连接了入口主轴区、平台诗会区、生态停车区、绿荫游

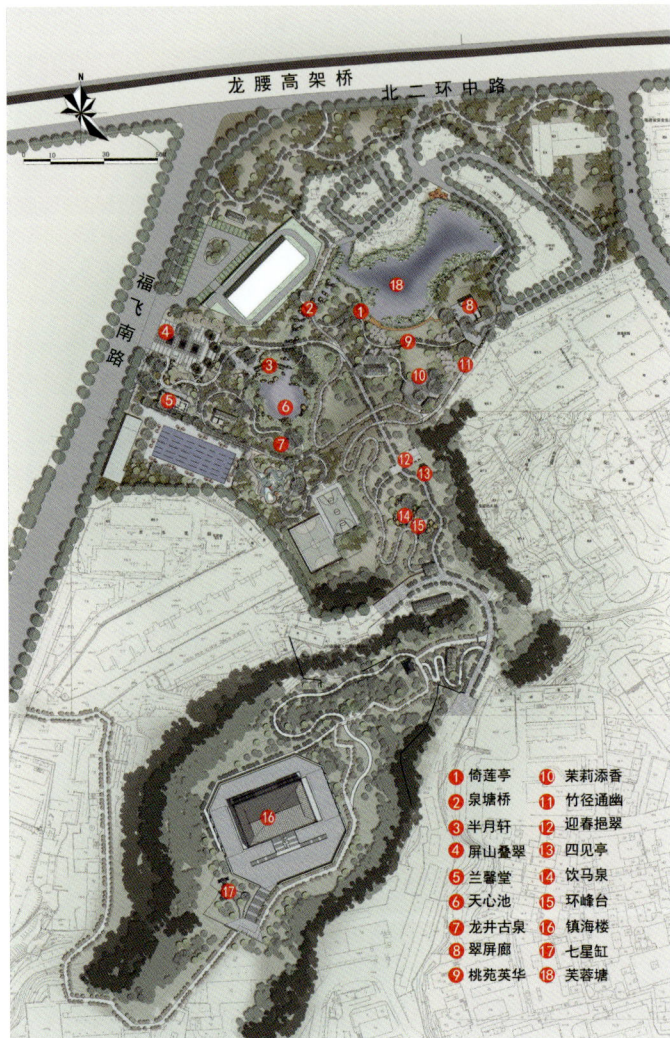

1 倚莲亭　　10 茉莉添香
2 泉塘桥　　11 竹径通幽
3 半月轩　　12 迎春挹翠
4 屏山叠翠　13 四见亭
5 兰馨堂　　14 饮马泉
6 天心池　　15 环峰台
7 龙井古泉　16 镇海楼
8 翠屏廊　　17 七星缸
9 桃苑英华　18 芙蓉塘

图2-3-41　屏山公园总体布局及步道平面（来源：余捷 绘）

图2-3-42　屏山公园入口广场（来源：王文奎 摄）

图2-3-43　屏山新增的无障碍步道（来源：王文奎 摄）

图2-3-44　新增的无障碍步道和原有台阶步道相结合（来源：王文奎 摄）

园区、荷塘垂钓区、古泉湿地区、山林漫步区、赏荷游憩区共八个功能分区。串联起了天心池、半月轩、龙井古泉、泉塘桥、芙蓉塘、倚莲亭、翠屏廊、四见亭、饮马泉、环峰台等屏山十八景，并与城市慢行系统相衔接。特别是重点提升了福飞南路主入口广场的仪式感，刻有"绍越开闽 镇海通津"八个大字的照壁成为视觉焦点，彰显了屏山在古城中的显赫地位。

（2）于山

于山在历次保护修葺的基础上，进一步通过还山于民，拆除不协调建筑，显露山体，增设入口、打通断点堵点等措施，全面推进步道建设和整体环境提升（图2-3-45）。

推动"广开门路"，优化景区界面，增加出入口和便捷通道，提高可达性。共完善了四个主入口和三个次入口：其中新增定光寺正南入口，以连接于山古城墙和五一广场；拆除东方书画社，扩建了东入口连接五一路（图2-3-46）；并通过观巷步道打开北入口，通过状元道联系鳌峰坊，通过太平巷连接文庙和乌山。

图2-3-45 于山风貌区总体布局及步道平面（来源：余捷 绘）

实施"串线连片",步道内连山上各处景区景点,外联鳌峰坊、朱紫坊、五一广场、文庙和乌山,打造人文历史的慢行片区。步道主线宽4~6米,充分利用原山体车行道,通过改善路面和优化坡度,实现了近千米有条件的无障碍通行,还连接了西入口、南入口、古城墙、定光寺等多个重要入口和景观节点。其余步道支线保持传统的山地石阶,通过整饬环境、打通节点,全面串联起了戚公祠、大士殿、九仙观、接鳌亭、揽鳌亭等于山胜景(图2-3-47)。

突出"历史传承",步道建设过程中,沿途挖掘文化遗存,找寻重要的人文和自然景观,强调文化内涵。在保护戚公祠等现有文物建筑和历史遗迹等的基础上,恢复了杏坛、喜雨台等已毁的二十四奇景,修复提升了状元峰、平远台、兰花圃、九日台、舒啸台等重要节点,重建改建了浩然亭、涵碧亭、接鳌亭、揽鳌亭,修缮了倚鳌轩、芝兰阁、悠然居等历史景点和建筑(图2-3-48)。

（a）于山东入口原状的沿街建筑　　　　　　　　　（b）拆除建筑后修复山体形成的于山东入口

图2-3-46　于山东主入口（来源：王文奎 摄）

图2-3-47　多种类型的山地步道（来源：王文奎 摄）

　　强调"全面提升"，通过拆除、整治、改造的措施，对于山及周边13处不协调建筑进行清理、整治和景观风貌改造（图2-3-49）。遵循传统山地造园手法，优化绿植和各处景点设施，提升扩建兰花圃（图2-3-50）。对标景区标准，完善了停车空间及沿路游客休憩配套设施，全面缆线下地，增加公园夜景，更新智慧导览等系统。

（a）喜雨台涵碧亭　　　　　　　　　　　　　　（b）平远台

（c）状元峰　　　　　　　　　　　　　　　　　（d）狮子岩

图2-3-48　恢复和提升重要的于山景观节点（来源：王文奎 摄）

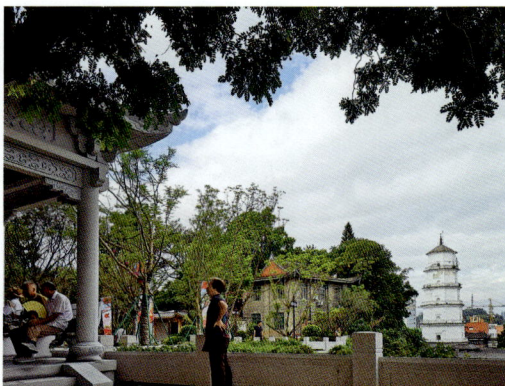

图2-3-49　搬迁办公建筑复建喜雨台涵碧亭，可平视白塔、远眺乌山（来源：王文奎 摄）

（3）乌山

乌山风貌区是三山中视廊保持较好、体量最大、景观资源最丰富的山体。秉持"还山于民，还绿于山"的原则，以《乌石山志》等古籍做考证，遵循文物保护的相关要求，通过搬迁省电视台、省气象台等驻山单位，保护修复山体，深度挖掘人文古迹资源，整合现有乌山景源，增设出入口等措施，系统构建了山地步道系统。规划串联了原有的天皇岭景区、乌塔景区等，保护、整饬和扩建了罗浮岭、石天、双骖园、西园等七个景区。形成了九大景观分区、十个出入口、一干九支路网系统的基本格局，打造了较为完整的乌山历史风貌区山地步行环境（图2-3-51、图2-3-52）。

图2-3-50 兰花圃的芝兰阁和兰花小径（来源：王文奎 摄）

图2-3-51 乌山风貌区总体布局及步道平面（来源：余捷 绘）

（a）乌山路南入口　　　　　　　　　　　（b）澳门路北入口

（c）双骖园西入口

图2-3-52　增设乌山重要入口（来源：王文奎 摄）

　　重点提升和完善山地无障碍步道主路，实现最便捷的古城名山观山览城主线。为了最大限度地保护山体，充分利用原驻山单位的车行路系统，通过优化平面线形调整纵向坡度，并改用与传统风貌相适应的条石板路面，建设宽4～6米的无障碍步道长约1600米。以搬迁气象台遗留的场地修葺双骖园为西南主入口，连接至乌山顶峰的邻霄台，途径仰止亭及不危亭，直至道山亭和道山观，一路形成最佳观山观城线路（图2-3-53），可环视全城，可北眺屏山镇海楼，还可东望于山白塔，并与九日台遥相呼应。

　　整理、完善和拓建山地步道支线，全面串起乌山的景观资源。根据山形、地形、地貌和自然人文景观资源的分布，同步开展古迹发掘、山体修复和步道现场选线。灵活使用石阶、石桥、栈道等多种形式，宽窄相宜，窄处仅容一人行，宽处可驻足数十人，各级各类的支线步道共计5500米，最大程度丰富了山地的通达性，将乌山历史文化遗存予以充分展示，同时又随园路的步移景异，尽可能营造出望山观城的不同驻足之处。还利用原有的乌山防空洞，打造独特的隧道步道，北联三坊七巷街区，南通黎明湖公园，将北街南湖与乌山步行系统连为一体（图2-3-54）。

图2-3-53　无障碍的主线步道（来源：王文奎 摄）

图2-3-54　多样的步道支线（来源：王文奎、陈志良 摄）

在构建步道系统的同时，全面保护和挖掘乌山的历史文化资源，在保护好既有文物基础上，如考古般细致的发掘重现乌山摩崖题刻，复寻邻霄台等名胜古迹（图2-3-55）。全面整饬山地风景园林，近自然式的生态修复受损山体和边坡。依据文献描述，恢复双松梦（图2-3-56）、啖荔坪、西园、通德园和罗浮岭等乌山胜景的意境。

4. 特色亮点

（1）显山露城、格局重现

根据三山视廊的关系和文史旧影记载的画面，通过还山于民，增设入口，巧妙设置步道路线、视线和观景点，实现立体式全方位的"显山露城"，再现三山格局的景象。如搬迁于山园林管理处，重修喜雨台，恢复涵碧亭，可驻足对望乌山、屏山；乌山借气象台和电视台

（a）邻霄台鸟瞰

（b）邻霄台不危亭

（c）邻霄台处可环顾全城

图2-3-55　邻霄台（来源：石磊磊、王文奎 摄）

图2-3-56　双松梦景点（来源：王文奎 摄）

的搬迁，重现了邻霄台；建不危亭和邻霄阁，可北望镇海楼、三坊七巷，东眺于山白塔，还可环顾"左旗（山）右鼓（山），南五虎（山）北莲花（山）"，再次展现了福州的山水大观（图2-3-57~图2-3-59）。

（2）发掘遗存、展示人文

借由步道建设，一些重要的历史遗存得到重现。一方面保护好文物遗存的立地环境，另一方面以步道连接和展示了各类人文景观。如乌山邻霄台附近发掘、重现、串联了二十多处弥足珍贵的摩崖题刻，并连接起隐匿于山林荒径之中的"大宋福州社坛铭""寿山福海""海阔天空"等这些上自唐宋，下迄近代的摩崖题刻（图2-3-60、图2-3-61），同时步道还连接了山上的寺观、祠堂、故居、园林、街巷等人文景致。

图2-3-57 搬迁气象台后邻霄台处可望旗山五虎山（前后对比）（来源：王文奎 摄）

图2-3-58 乌山北坡邻霄阁处北望镇海楼和莲花山（来源：王文奎 摄）

图2-3-59 邻霄台处东望于山和鼓山（来源：王文奎 摄）

图2-3-60　具有重要文史价值的大宋社坛铭等摩崖题刻得以保护展示（来源：王文奎 摄）

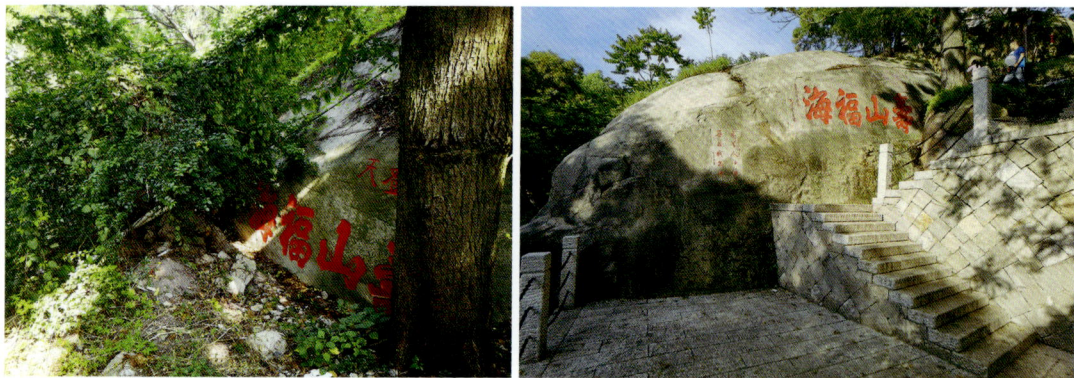

图2-3-61　几乎湮没的摩崖题刻成为步道沿线的重要景点（来源：王文奎 摄）

（3）妙手双修、整饬园林

结合步道建设，巧妙实施了山体修补和生态修复，保护山体植被，整饬营造典型的传统山地园林。乌山以石为主，修复山石形势，如气象台搬迁后破碎山体的修复与西入口、双骖园景区建设相结合，西园和罗浮岭巧妙地以岩石公厕和覆土式泵房建筑修复山体断崖（图2-3-62）；于山东入口则以"九仙山"石和山阶亭台修复破损山体，使之复得东开山门图；而屏山地表多土，则以植被复绿为主进行生态修复。

（4）路随景异、风貌相宜

为了最大限度保护历史文化山体的风貌特征，步道设置顺应山形地势变化，宜路则路、宜阶则阶、宜桥则桥，路随景异，宽窄与场地相适，材料与环境相宜。保护古树名木和现有植被特色，修复之处皆依文献记载，营造一路花木的诗情画意，如啖荔坪的荔枝、双松梦的松树、红雨山房后的桃花樱花等。乌山和于山山脚还修复了诸多与古城相连的巷道，如天皇岭、状元道、太平街等，形成了具有福州古城特色的山地巷道风貌。

图2-3-62　西园处对单位搬迁后的受损山体进行近自然的生态修复和园林营造（来源：石磊磊 摄）

（5）设施完善、兼顾人本

克服山地高差，打造老少皆宜的山地步行道。充分利用原有车行道，通过局部拓弯、局部削坡、局部展宽等方法设置无障碍通道，以提升步行系统的舒适性。对原登山梯道也进行改造，加大踏面宽度，改善登山体验。同时完善步道沿线的服务设施，包括增加夜景灯光和专业标识指示系统，并设有救助站，满足消防和急救要求。

5. 建设成效

位于城市中心区的历史文化名山，历经千年，留下了许多的人文古迹和风景资源，其一草一木、一石一宇都尤为珍贵。也正因其地处市中心的优势地段，长期以来饱受各种侵扰占据。同样因其身处城央，承担了许多百姓的期许，希望能更好的成为每日休憩健身、邻里交往和呼吸新鲜空气的好去处。对于这样的古城三山，力求还山于民、还绿于山，既要展现山水大观的城市格局，又要如考古一般把控细节；既要充分保护和挖掘三山历史文化资源，又要满足市民和游客的多种人性化需求。通过持续多年的步道建设和整治提升，三山已经成为福州市民和游客登山览城的佳处，更多的历史文化资源得以保护发掘，更好地成为阅读这座2200多年古城历史变迁的鲜活史书。2021年第44届世界遗产大会期间，三山被列为重要考察点，成为展示福州悠久历史文化和山水格局的独特窗口。

五、牛岗山公园步道——基于山体生态修复的山地步道

牛岗山公园位于福州市晋安区鹤林片区横屿组团，于2017年建成，是通过对受损山体和弃土场进行生态修复而形成的山地公园，也是福州市首个海绵公园。项目占地面积约520亩，其与南侧的鹤林生态公园、晋安湖公园共同组成约1710亩的晋安公园，成为激活福州东城区的活力中心。牛岗山步道宽6米，总长约3.65千米，巧妙地将山体修复和废弃渣土通过筑山理水结合形成了山地无障碍步道。公园经过重新整合破碎化的城市蓝绿空间，重塑城市山水骨架，使牛岗山的步道"远可见环城一重山，平可览城市山水中轴，近可亲草场潭溪"，是深受福州市民欢迎，人气旺盛的城市山水步道之一（图2-3-63）。

1. 场地概况

项目用地主要由牛岗山和金狮山两座低丘山体组成，其中牛岗山北侧地形较为陡峭，西侧主山体海拔约 82.9米，东侧的金狮山海拔约49.9米。牛岗山历史悠久，又名凤丘山，根据《榕城考古略》记载，"距城东五里，北连蒲岭，南迄际江，宋初彭耜修真于此，耜号鹤林，朱子曾书'凤丘鹤林'四大字刻于岩壁"。由于受片区城市道路和城市建设的影响，两座山体的山脚山坡已受到明显的破坏，不当取土导致山体滑坡崩塌。另外由于片区建设，大量渣土弃土和部分生活垃圾散乱堆砌在山体周围，犹如城市一处弃土场。仅有残存的山体上尚有相思树、樟树等较为单一的植被群落，金狮山还存留前期盆景园所留下的逸生成林的榕树林和其他苗木（图2-3-64）。

图2-3-63　夕阳下的牛岗山及山地步道（来源：高屹 摄）

图2-3-64　牛岗山山体受损和渣土废弃地（来源：高屹 摄）

在东城区的规划中，牛岗山及周边的用地经历了不同时期的调整。在2003年前后的规划中，牛岗山、金狮山和周围的水系互不相连，与周围的城市建设用地交错布置，呈现典型的破碎化格局；2010年前后，为了大规模的土地开发需求，曾经将山体规划至最小规模，可能成为水泥森林中一个局促的小盆景；2013年，通过重新审视东城区和城市设计的优化，将牛岗山、金狮山和临近的凤坂一支河等零碎状态的绿地，整合为蓝绿结合的城市生态中轴（图2-3-65）。至此，牛岗山终于获得了重构东城区山水骨架的机遇，为这片山体受损、渣土堆砌的灰色地带的重生奠定了上位规划的基础，也为建设高品质的山地步道提供了空间条件。

2. 目标要求

按照优化后的上位规划，牛岗山公园将成为构建东城区城市中央绿轴的重要组成部分，其建设目标主要有三方面：一是促进城市山水蓝绿系统的优化；二是修复受损的场地生态环境，打造福州市片区的生态绿芯；三是以牛岗山及规划生态绿芯的步道为核心，在生态修复的基础上，构建兼具山水特色的绿道系统，形成福州东城区"游山、玩水、品城"的绿道网络格局。

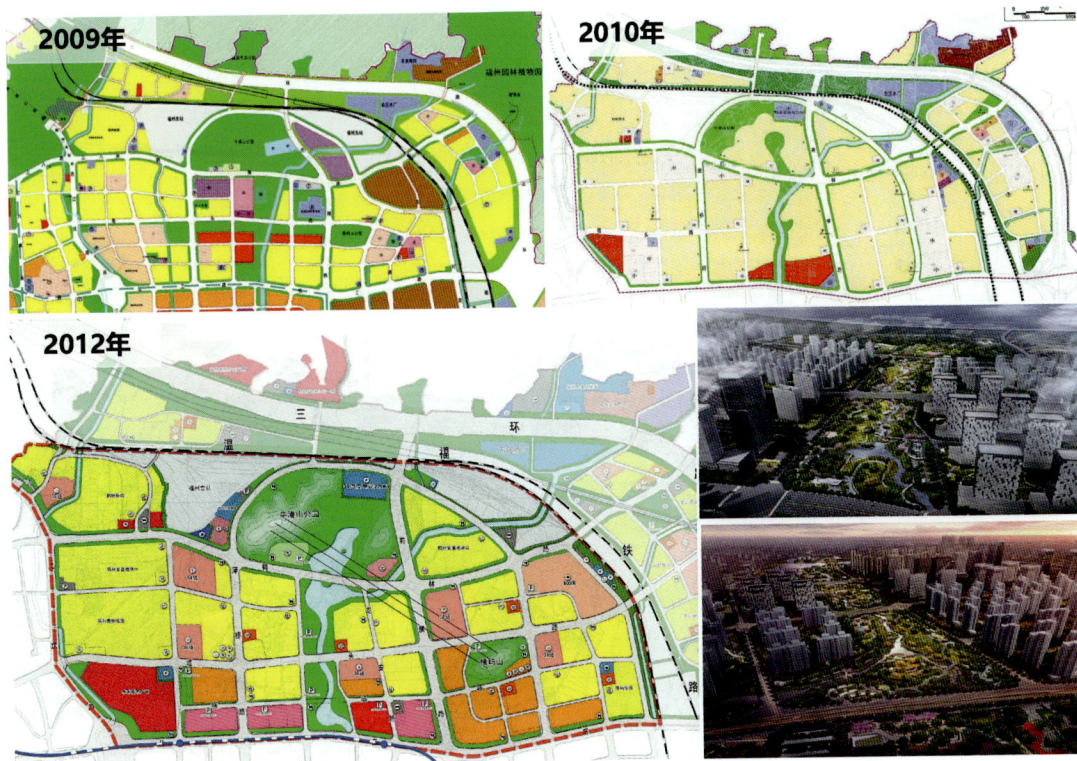

图2-3-65　牛岗山及所在鹤林片区的规划调整历程（来源：高屹 绘）

②登高揽胜区

位于牛岗山即有山体部分，在山顶、山腰等步道沿线重要位置增设若干观景设施，便于人们登高远眺（图2-3-69）。步道还衔接了"凤丘鹤林"历史遗迹，挖掘朱熹理学的人文资源。山地植被上增加福建山樱花、红叶乌桕、无患子、大腹木棉等色叶开花乔木，改善了单一的林相。

③阳光活力区

该区是牛岗山人气最集中的场地，围绕雨花池设置大片疏林草地，既提供了开阔的场地，也打造了多样的活动空间。人们可以在此嬉戏、野餐、聊天、放风筝，奔跑穿梭于阳光草坪中，尤其是环绕雨水花园布置的两圈步道，可快跑、可漫步（图2-3-70）。草坪两侧设置了儿童活动区、运动球场等休闲场地，衔接了左右两侧的文体中心和体育馆。

图2-3-69　弃土堆山的山顶形成了步行登高览城的视野（来源：王文奎 摄）

图2-3-70　舒适的阳光草坪空间（来源：王文奎 摄）

④民俗体验区

该区块位于金狮山脚下,安置了竹屿和潭桥两个村庄的寺庙与宗祠。考虑到信俗文化的需求,将该区域打造成具有民俗特色的功能分区,并结合社区书院、老人活动中心等功能使用,以更好地服务周边居民,强化社区的文化凝聚力。建筑风貌充分体现地方特色,为周边的居民留住了实物形式的"乡愁记忆"。

(3)步道选线和设计

牛岗山步道依山水地势打造了约2.54千米的环山步道和1.11千米的环雨花池慢跑道,构成约3.65千米的双环系统,无障碍串联起公园内多个重要节点(图2-3-71)。市民漫步湖畔,可体验中心城区的疏林草地魅力。环山步道途经民俗文化、自然风貌、植物景观和观山览城等各具特色的公园景点,并与观景平台巧妙融和,打造步移景异的游览线路(图2-3-72)。公园设置南北两个主要出入口,均临近公交车站,并结合地面公共停车场以及地下停车场打造公共交通一体化,最大限度地满足市民的出行需求(图2-3-73)。

主园路
次园路
P 停车场
▲ 主入口

图2-3-71　公园步道平面(来源:高屹 绘)

图2-3-72　山前区的双环步道（来源：高屹 摄）

图2-3-73　公园步道全线无障碍（来源：王文奎 摄）

4. 特色亮点

（1）山水重构、步移景异

步道建设和生态修复相结合，重构了东城区的山水格局，形成了城市中轴的北靠山，牛岗山步道也得以成为城区绿道网络的关键段落。重构后的牛岗山地形地貌丰富多样，行走于步道中"高可览新城新貌、远可眺环城群山、平可望晋安中轴、近可闻鸟语花香"，步移景异、景致多样。

（2）因山制宜、形式多样

由于项目的山体地质情况复杂，既有人工筑山，也有原有山体以及局部修复山地，单一道路形式不能适用所有场地条件，因此采用了多种有针对性的设计。主步道90%为路基型，局部陡崖山谷处为钢结构架空栈道，最大限度地保护了山体的原貌，实现经济技术与景观体验的平衡（图2-3-74）。其中环雨花湖步道总宽6米，由4米宽的沥青路和2米宽脚感舒适的塑胶路组成。于山前水边的微风中漫步、跑步是百姓来此最享受的活动之一。

（3）配套完善、全龄共享

步道主线要求以小于8%的坡度控制竖向，以实现全园的无障碍通行，同时也兼顾了慢跑和健步功能的舒适性。山前环雨花池的双环步道，灵活适用于不同步行强度的需求。通过步道合理配置家庭亲子活动、儿童游乐、青年运动、适老爬山等适用于各类人群的服务设施，以满足多样化的需求。如：大尺度的堆坡地形和平缓的核心大草坪，是家庭活动的最爱，小尺度的庭院空间是喜静人群的天堂，多功能的运动场地则是年轻人挥洒汗水的主场等。

5. 建设成效

2017年至2020年，牛岗山公园（晋安公园组成部分）获得了包括"中国风景园林学会科学技术奖（规划设计）一等奖"在内的多个国家级和省级的规划设计奖，体现了在同类项目中的典型示范作用。

图2-3-74 局部的山地栈道成为览城之处（来源：高屹、王文奎 摄）

牛岗山步道集休闲、康体、文化、观景等功能于一体，是福州市继金鸡山步道之后，又一深受市民喜爱的城市山体休闲步道。开放至今，作为晋安公园的重要组成部分，已接待了许多国内外专家和各级领导的调研团队，是福建省生态建设的重要观摩点。省市主流媒体和社会的关注度极高，全程多次跟踪公园建设情况。项目建成后，不断提高晋安区的影响力和城市区位价值。作为晋安公园一期的牛岗山公园及其步道建设，打响了整个晋安公园建设的第一炮，成为福州市又一张重要的城市名片，也是福州"蓝绿空间"山水重构的成功案例。

六、飞凤山公园步道——平赛结合康体健身的山地步道

飞凤山公园位于福州市南台岛奥体片区，是福州市利用国家十二五规划政策及承办第八届全国城市运动会（后更名为第一届全国青年运动会）的契机，建设的奥体片区重要康体健身空间，规划服务容量约20万人。飞凤山公园的步道总长约10千米，由山上山下步道串接，并包含一座长约170米跨越山谷的飞凤桥，以及若干山间园路组成。共规划8个出入口与各方向的城市界面对接，沿线共有三座地标性服务建（构）筑物，以及多个观景休闲平台和节点，是具备了开展业余或群众性健身体育活动的山地智慧步道。

1. 场地概况

飞凤山周边空间开敞，总面积约90公顷，山脉走势形似"飞凤"，整体地势较为平坦，坡度多在5%～20%，主要坡峰有6处，最高点海拔约72米，大部分山体高度在海拔40米以下，是奥体中轴线尽端的天然对景。山体的金洲南路面部分植被稀疏，劳动者公园面植被覆盖较好。从飞凤山制高点看奥体中心，与齐安山、高盖山遥相呼应；从飞凤山南侧山脊望乌龙江，与江面及阳岐历史风貌区形成良好的视线通廊；从飞凤山西侧山脊远眺城市西南方向，山脚下大量的工业区，第五立面效果较差。同时，山坡上墓地数量较多，建设需要考虑墓地的迁移问题。

2. 目标要求

飞凤山步道建设有三个主要目标：一是通过环山步道贯通，打造融康体活动、文化休闲、自然生态体验于一体的特色"奥运山"观光体验区；二是通过连接海峡奥体中心与景观中轴线，使绿色山林环境成为奥体片区的重要组成部分，以提升奥体片区的生态宜居性，聚集人气带动地块发展（图2-3-75）；三是在功能上不仅要满足大型赛事举办期间，绿色开放空间的配套使用功能，还要成为福州南台岛片区新的生态绿核，完善片区绿地系统和绿道网络结构。

3. 设计概要

（1）上位对接

在《福州市海峡奥体中心周边区域城市设计》中，飞凤山公园定位为健康主题公园，以

图2-3-75　飞凤山公园与海峡奥体中心相连（来源：郑锴 摄）

"奥运精神"为主题，通过环山步道的贯通，串联东侧商业商务用地、运动员村等奥体配套项目、西面浦上产业园区和西南侧绿色水循环中心。同时飞凤山步道将海峡奥体中心与劳动者公园、流花溪串联，完善了周边绿色慢行系统的结构和城市功能。

（2）线路格局

飞凤山步道线路以飞凤山为依托，综合考虑建设适宜性、远眺观景性、地貌独特性、部队地块保密性以及墓地避让等因素而选定。在功能特点和景观风貌上分为五大分区：东部中心湖体及庆典广场区、北部活力运动区、西部特色花园区、东南青少年活力区和西南休闲度假区以及中部生态保育区及各景观节点。并通过步道串联，呈现"一环，一轴，多支线"的总体线路格局（图2-3-76）。

一环，即环飞凤山山麓环线，总长约4.2千米。其从外部交通可快速到达公园，周边居民和游客使用极为方便，无需登山即可享受平地环路的便利；同时，山体东麓的269亩飞凤湖和景观通廊，是奥体中心进入山体的门户形象和飞凤山公园的重要组成部分，环湖步道约1千米，与环山步道相连，形成了飞凤山公园特有的山水构架（图2-3-77）。

一轴，即贯穿蜿蜒山体脊线的步道轴线，全程约4.4千米，其分为南北展线。北部展线起于山麓广场步道，沿山脊线盘旋向北接至环线，全长约2.5千米；南部展线沿飞凤山山脊线盘旋一路往南接至步道环线，全长约1.2千米；南北展线通过一座160米横跨山谷的飞凤

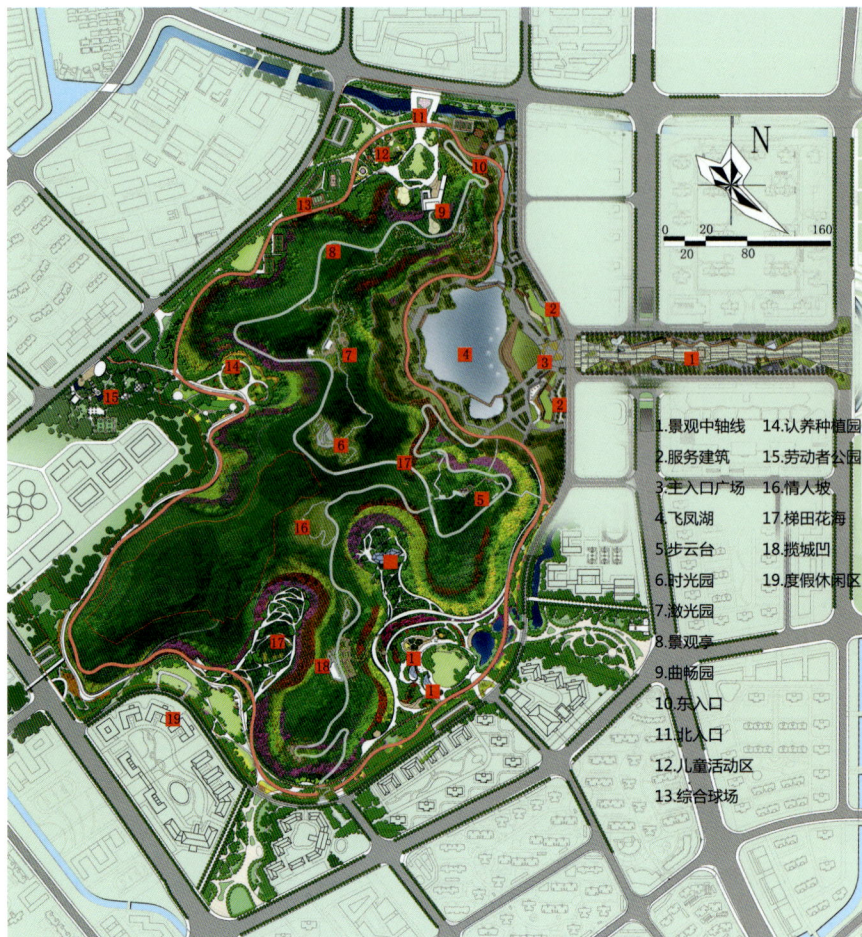

1.景观中轴线　14.认养种植园
2.服务建筑　15.劳动者公园
3.主入口广场　16.情人坡
4.飞凤湖　17.梯田花海
5.步云台　18.揽城凹
6.时光园　19.度假休闲区
7.漱光园
8.景观亭
9.曲畅园
10.东入口
11.北入口
12.儿童活动区
13.综合球场

图2-3-76　飞凤山公园总体布局及步道平面（来源：郑锴 绘）

图2-3-77　山地步道与环山步道相结合（来源：仓山区政府 提供）

桥作为点睛连接（图2-3-78）。其中，山体步道轴线串联了石光园、潋光园、步云台、飞凤桥、和镜坪、揽城凹、望旗岭等特色景观节点。并强化了飞凤山—奥体中心，飞凤山—乌龙江，飞凤山—旗山三大视觉廊道。

多支线，即在环线和轴线基础上，连接出入口和各景区节点的支路系统，形成步道慢行系统的毛细血管，总体长约3千米。

（3）步道设计

飞凤山步道以康体运动休闲为特点，主线全程无障碍。环山步道宽5.5米，最大纵坡控制在8%，采用红色沥青铺设，体现了生动活力的氛围，在绿水青山间格外醒目（图2-3-79）；山体步道轴线全程宽6米，依山就势，最大纵坡控制在12%，采用聚脲自结纹与彩色沥青结合的铺设形式，并辅以不同色彩的步道标线，给游人带来不同的慢行体验。作为视觉焦点和重要的景观目的地，飞凤桥在造型上独居匠心，桥面宽6米，采用金刚砂作为铺装材料，并首次在福州采用发光石镶嵌波浪纹，建成后成为游人日夜打卡的经典景点。

步道的支线设计，保证游客在步道系统内游览时，能及时疏散至地面、快速撤离至出入口，并能根据自己的时间灵活地选择最适合的路线。在多个位置设立与主线的连接口，道路宽度控制在2.5~3米，并根据沿途山体特征，采用悬挑、架桥和落地三种形式来构建多元化的步道形式。石材、木材等与山体环境相融的材料被普遍运用在项目中。

图2-3-78　山脊步道上的飞凤桥（来源：仓山区政府 提供）

（a）环山麓步道

（b）山地步道

（c）灵活多样的支线步道

图2-3-79　不同场所的步道类型（来源：王文奎、郑锴 摄）

4. 特色亮点

（1）步道布局清晰，主题特征明显

飞凤山步道选线依山就势，根据山体南北长、东西短、高差缓的特点，采用山麓环线、山脊轴线、鱼骨状支线连接的布局模式，巧妙利用了飞凤山的形态和高差特点，经济实用，破坏较小，使全山步道系统的骨架清晰。同时，步道将奥体中心康体休闲的主题，映射于线路长度、高程走向、设施配套和标识IP等方方面面，如环山步道以"林荫式马拉松赛道"为理念，（总长4.2千米，5圈即为半程马拉松，10圈即为全程马拉松），突出"体育型公园"平赛结合的特点。

（2）动态化植被演替

飞凤山步道沿线的林相改造和生态修复，将保护作为首要原则，依照森林景观生态学原理，合理划分保育区、改造区和深切区。采用乡土树种，梯度演进，恢复和丰富森林生态系统结构的稳定性、功能的多样性和景观的丰富多变性。针对部分裸露山体的修复，设计的关键是岩面的生态修复。项目采用了植被混凝土护坡绿化、人工植生槽、人工植生带和喷混植生等技术。同时，由于迁坟形成的大量山体留白区，恰可以形成山体公园不可多得的半山草场景观。

（3）配套融合式建筑

步道沿线串联的多处服务建筑，都与地形和环境有机结合融为一体，成为步道的独特景观。主要配套建筑有：飞凤湖边的综合服务中心；望向奥体中心的潋光园中心服务建筑；作为茶室咖啡厅使用的南侧半山掩体建筑"揽城凹"；采用全木构形式的园区中南部管理中心等（图2-3-80）。

（4）美丽核心飞凤桥

飞凤桥通过平立面的双曲线组合，展现了张力与柔和的共存之美，搭配洁白的流线型饰面材料，仿佛一抹云霞升于飞凤山间。将交通功能和观景空间结合，使飞凤桥成为公园最受欢迎的观景打卡点之一。桥梁上部采用连续钢箱梁结构，总长160米，主体桥总宽6米，桥墩位置单侧弧形加宽，最大加宽5米。为了实现云朵的缥缈和飞凤的仪态，采用计算机参数化建模，铝单板异形切割拼接组合工艺来保证造型的艺术效果（图2-3-81）。

（a）揽城凹服务建筑　　　　　　　　　　　　　　（b）潋光园中心服务建筑

（c）飞凤湖边的综合服务中心

图2-3-80　配套建筑与景观充分融合（来源：郑锴、王文奎 摄）

图2-3-81　技术与艺术结合的飞凤桥（来源：王文奎 摄）

（5）水墨夜景动静相宜

为了实现水墨式夜景，通过山上静谧、山下热闹的灯效逻辑，严格控制步道两侧在山林区域的亮度和出光效果，仅保留功能性照明，以保障森林的休养生息。作为步道的地标构筑物——飞凤桥，则通过"水浸"的柔光照射来突出特色，并具备日常和节假日两种夜景模式。桥上凭栏俯视的飞凤湖设置有音乐喷泉，充满动感和激情，夜赏水秀也成为周边居民最喜爱的夜间活动之一。

（6）智慧山体公园步道

在2019年"数字新仓山，智享飞凤山"的专项工作推进下，通过采用全新的智能化技术，建立5G信号基站，引进无人驾驶巴士和售卖车、智慧灯杆、智能导览、AR大师和人脸识别杆等一系列高科技设备，让更多高端智慧产品服务群众，打造福州首个AI公园示范点。同时，实现公园弱电系统的高度智能化管理，包含安防及出入口智能化管理、网络与通信、智能化公园集成管理和物业管理等系统（图2-3-82）。

图2-3-82　智慧化步道（来源：石磊磊 摄）

5. 建设成效

飞凤山奥体公园步道深受百姓喜爱。项目立足现有资源，"强链、补链"打造飞凤山公园至海峡奥体中心的"健身休闲文化娱乐经济圈"。并作为载体，逐步引入海峡体育科技园、福州市科技活动周、元宵灯会、仓山庙会、节庆快闪等诸多活动，带动整个奥体片区向运动型宜居生态区华丽转变。

本项目获得了2015年福建省优秀城乡规划设计（风景园林类）一等奖，2017年福建省优秀工程勘察设计（风景园林）二等奖，2017年全国优秀工程勘察设计行业奖（优秀园林和景观工程设计）三等奖，2019年中国风景园林学会科学技术奖（规划设计）二等奖等。

七、鼓山古道——古登山道的保护与整饬

鼓山风景名胜区位于福州中心城区东郊，其古道是福州百姓心中最传统且熟知的登山道。鼓山古道始建于南宋绍定六年（1233年），至今已近八百年，古道起于廨院，通往涌泉寺。道旁古木参天、苍翠挺拔，沿途巉岩隐显起伏、幽谷云蒸霞蔚，历代骚人雅士依崖凿石，留下累累题刻，书法艺术和山林崖壁融合，自然与人文景观相得益彰，具有极高的游赏价值。鼓山古道是历史型登山道保护与整饬的典型案例（图2-3-83）。

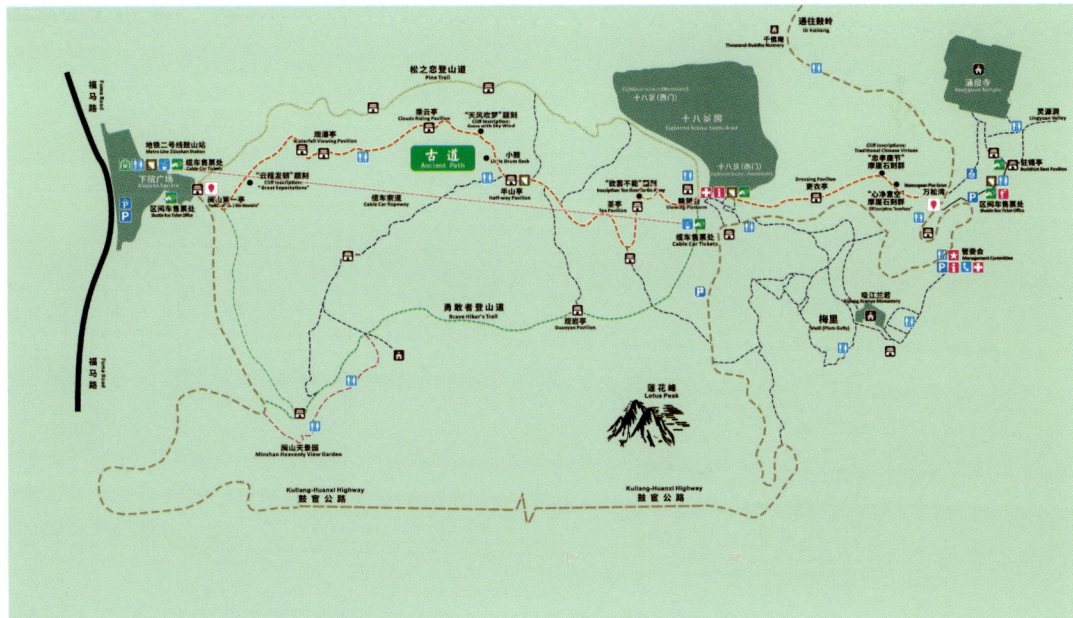

图2-3-83　鼓山古道平面示意（来源：郑锴 绘）

1. 场地概况

鼓山古道自廨院"闽山第一亭"始，总长约3.5千米，沿步石阶上2633级，宽约2.5～3米不等，成"之"字形蜿蜒而上，至海拔450米的万松湾广场。蜿蜒的古道上串着七座古亭：闽山第一亭、东际亭、观瀑亭、乘云亭、半山亭、茶亭、更衣亭，自古即有"七里七亭"的独特格局。实际上加之后来陆续增修的佛荫亭、桃岩洞亭、松关亭、小罗汉台亭塔共有11座，古亭分布合理、选址适宜，既为游客挡风遮雨，也是休闲观景的好去处。

由于登山古道深受游客欢迎，人流量极大，受到各个时期自然和人为因素的影响，已出现不同程度的损坏。古道踏面坍塌、开裂、缺损严重，沿线栏杆平台残缺腐朽，沿线灯具缺失倾倒，给登山行人带来安全隐患；受季节性影响，古道周边长期水资源匮乏，沿线植物长势不佳，斑秃和露土严重；加上多年来松材线虫的侵扰对林相造成严重破坏，古道逐渐失去其芳华浸润、山色葱茏的神采。因此对古道的整饬迫在眉睫，亟需系统性的景观修复和恢复。

2. 目标要求

鼓山古道的保护、修复和恢复，遵循"深挖气韵、修旧如旧、以人为本"的理念。尊重历史文化脉络，顺应自然山水肌理，充分利用了现状地形地貌、山林植被等自然生态环境，并把古亭廊的修缮和登山步道的修复做到了修旧如旧。

在此基础上，用最适宜的方式系统性解决鼓山古道面临的四大问题，也是项目最重要的提升目标。一是，挖掘凸显底蕴深厚的经典名片式景点，丰富游览画面感；二是，依山就势，以最低干扰铺设市政给水管道，同步解决水资源匮乏、病虫害侵袭和山体植被冬夏季差异较大的问题，提升山林环境氛围，加强养护能力；三是，突出以人为本，完善智慧管理服务设施、游憩设施、标识系统和应急救助系统等相关配套设施，为游客提供舒适宜人的游赏环境；四是，克服景区群山连绵地势陡峭的困难，建设局部的无障碍慢行系统（图2-3-84）。

（a）古道修旧如旧　　　　　　　　　　　　　（b）古道清幽

图2-3-84　鼓山古道（来源：林淑琴、郑锴 摄）

3. 设计概要

（1）保护性修复古道主线历史风貌

遵循古道现有3.5千米主线走向、宽度和材料不变，保护曲折蜿蜒山林穿梭的道路走线不变，完整保护历史遗存、工艺以及原始山地环境不变。对沿线坍塌、开裂和缺失的步道踏面，以及古道侧边石砌边沟，采用原址、现状和传统工艺进行嵌入式修补，以展现原真古道历史风貌为第一设计原则。

（2）挖掘强化历史区段特点

通过主线为轴，古亭为节点，挖掘新景融入历史风貌，形成"一轴、四段、多节点"的景观分区格局。一轴，指古道主线；四段，分别是从闽山第一亭至洗心台的"云程发轫"段，佛荫亭至乘云亭的"卓尔不凡"段，乘云亭至十八景广场的"半山勉力"段，十八景至万松湾的"高山仰止"段；多节点，指的是，沿线十一座古亭的保护性修缮复原和游览支线的建设。其中包含勇敢者、松之恋登山道的连接，修复新增多处景点，如洗心台、长秀池、毓溪谷、灵泉、一笔寿、钟瀑等，将山林、花草、水泉、驿站等融入古道游览体系之中（图2-3-85）。

（a）风怒涛飞处毓溪谷　　　　　　　　　　　　　　　（b）长秀池

（c）灵泉　　　　　　　　　　　　　　　　　　　　（d）洗心台

图2-3-85　修复的重要景点（来源：林淑琴、郑锴 摄）

（3）完善配套，便民舒适

沿线设置清晰的景点信息导向系统，并增加浇灌和雾森系统，原样修复沿路的188座石灯，增加智慧管理系统，提升沿途售卖点等，使古道既能保持历史风韵，又具备现代景区方便和安全的特点。

4. 特色亮点

鼓山古道景观保护、修复和恢复强调"三味三老"的提升理念和施工措施，即"古味、禅味、人情味"和"老材料、老工艺、老味道"。通过深挖史料，打造氛围，从气韵上对鼓山古道的环境进行全面的提升。本项目的重点工作可总结为"五个一"：

（1）一葺石径复原

对现有古道坍塌、缺损和破旧的部分按照传统工艺进行修缮，保证古道本体的游览舒适性和安全性；登山步道台阶石材出现缺漏、缺损、塌陷、松动及起翘现象的，采取回填垫层的处理方法，使之重新卧牢，并打磨处理破损边角；对明显破坏古朴风貌的人工材料面层进行破除和替换，更换为自然山石材料，并对外露面进行处理，使其融入周边自然生态环境。

（2）一捋溪涧清暑

古道边侧的老排水沟，按照水涧的目标进行重修，一方面拆除后期覆盖物，另一方面对已遭破坏的水涧，根据自然水涧的自由弯曲、跌落形态，采用块石、黏土、石灰砂浆等传统做法进行景观修复，凸显极具特色的雨天流水在侧的景观；同时，通过追寻水脉、梳理流向，重新挖掘和打造了"钟、毓、灵、秀"四大水景，极大弥补了古道无水景的缺憾（图2-3-86）。

（3）一路绿意满目

针对鼓山古道人为活动的干扰影响，沿线地带性植被受破坏较为严重的现状，植被恢复多以季风常绿阔叶林、暖性针叶林、针阔混交林及灌草丛为主要恢复目标。部分区域通过纯

图2-3-86　古道、石灯和排水涧（来源：郑锴 摄）

林疏伐、补植等林相改造措施，补植香樟、木荷、枫香等地带性阔叶树种、乡土树种，促进森林植被的进展演替；同时在古道景观节点区段补植景观价值高的品种，增加季相和物种群落，补植枫香、野漆、苦楝、樱、梅、山乌桕、鸡爪槭等乡土树种，尤其加强秋冬色景观上的视觉效果与景观感染力。此外，通过全面排查，清理枯死疫木，通过挂诱捕器、灭虫灯，喷施防治天牛、柳杉毛虫药剂，配合药物、生物防治等一系列措施，杜绝和防治沿线病虫害疫情。并在局部节点引入雾森设施，提高养护效率的同时塑造禅意山林的特色；更为重要的是，古道绿化景观修复非常注重与历史记载、文化典故相契合，如观音亭（茶亭遗址）周边遍植茶树、茶花、梅花等；桃岩洞口增植桃树、福建山樱花等；万松湾选用油杉、杜松、金钱松、黑松等松科、杉科类植物，恢复万松湾"松风如涛"的历史景观形象。

（4）一修亭廊问古

在深挖史料的基础上，对现有古亭廊进行实测及电子归档；对原有已废弃的亭廊进行原址重建，力求还原史料记载的亭廊风貌，形成令人印象深刻的风景明信片式的节点，并强调古道"七里七亭"的历史内涵（图2-3-87）。

古亭廊修缮过程中，保持原有古建形制，包括原有建筑平面布局、造型、法式特征、工艺技术和艺术风格等，最大限度地保存现有古建筑的历史面貌，尽可能多地保留和真实反映建筑历史信息。并通过科学合理的技术手段，解决木构件损坏变形造成的隐患和危害，有效保护建筑主体的结构安全。

（5）一添便民系统

完善提升配套设施和智慧系统，提高游览的舒适度和便捷性，重点关注现代设施与山林传统风貌的协调性，遵循"隐、藏、美"的总体原则。

（a）闽山第一亭　　　　　　　　　　　　　　　　（b）观瀑亭

图2-3-87　亭廊问古（来源：林淑琴、郑锴 摄）

5. 建设成效

鼓山古道的修建提升，重现了"闽山第一""天际""佛荫""观瀑""乘云""圆通""半山""更衣"等沿途诸亭华彩，新辟了"钟、毓、灵、秀"四处水景，归璞了"洗心台""灵泉""桃岩洞""一笔寿"等多处古景，还修凿了道旁的石灯，倍增禅风画意。自此游山，常有欢泉在侧沿石涧而下，径直泉畔，洗手涤心；四季轮转，常有花木更替，绿影扶疏，浮香焕彩；里许小亭，可歇脚听风，常有禅语楹联高眉，鸟语虫鸣入耳，虽迈步登山，亦不为劳。此"三常有"，为古道倍添新韵。

从工程措施角度上讲，鼓山古道是经典的名胜级山林步道建设案例。为相关部门和设计单位提供了同类项目修葺、重建和提升的思路、技术手段以及干涉程度等方面的探索经验。

第三章

滨水福道

因"水"之潋滟
显"道"之灵动
西湖（来源：石磊磊 摄）

第一节　滨水福道总体建设要求

福州两江穿郭，百川入城，城中拥有107条内河，且有闽江、乌龙江穿城而过。独特的地貌和水文条件，形成了福州城市丰富的河流类型。根据地貌和水动力学特征分类，福州城市范围内包含了潮汐河流、平原河流和山区河流三大基本类型（图3-1-1）。

流经福州市区的闽江干流贯穿于峡谷和盆地之间，呈现山溪型潮汐河口的特征，既有地势开阔沙洲发育普遍的盆地河段，也有河宽突然收缩呈现山高水深的峡谷河段。受潮汐的影响，闽江河口附近平均潮差4.37米，最大潮差可达6.93米，但是受潮差和山溪型河流径

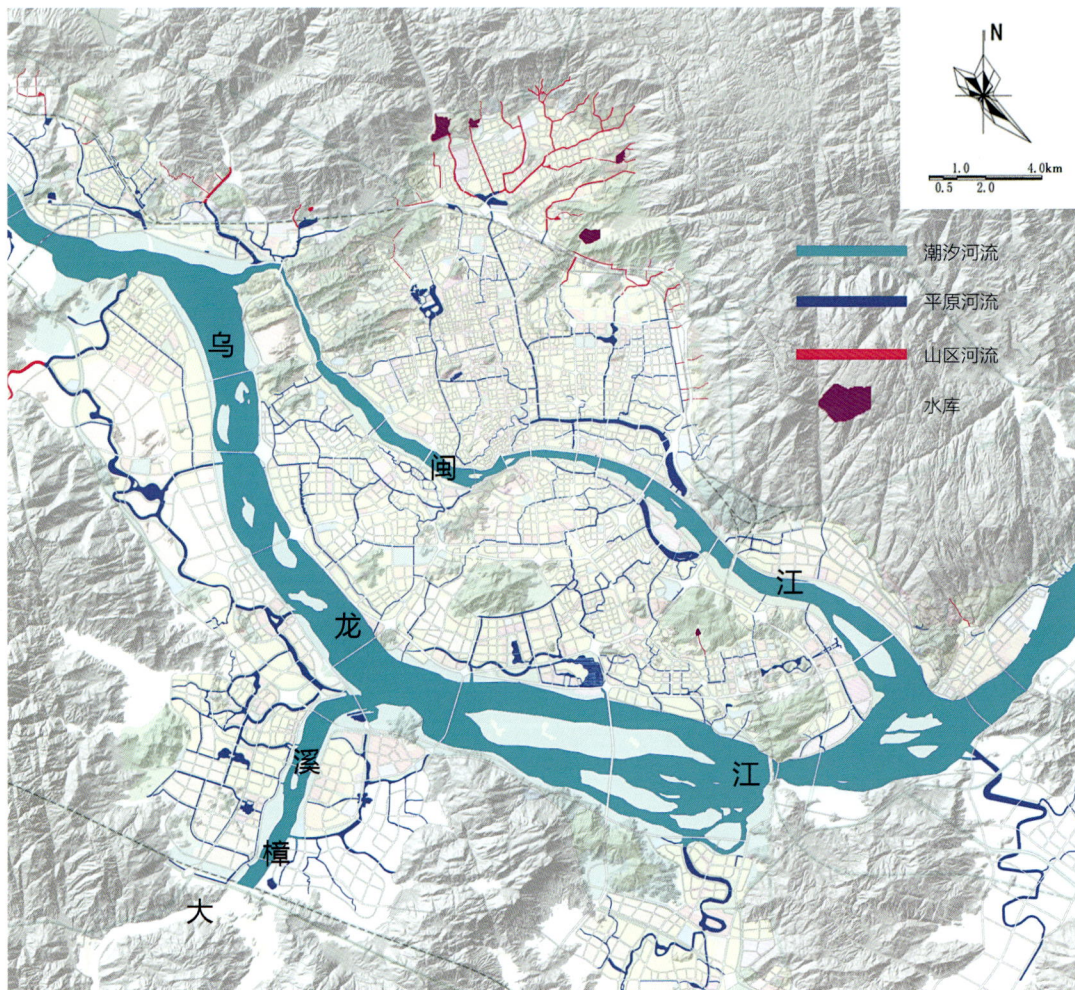

图3-1-1　福州市水系布局图（来源：何苗苗 绘）

（a）山溪型河流——登云溪

（b）平原型河流——晋安河

（c）潮汐型河流——闽江

图3-1-2 福州市典型的河流类型（来源：王文奎 摄）

流枯丰季节的双重影响，最低水位和百年设防水位之间有约8米的高差，显著的水位涨落和咸淡水交融形成了丰富的河滩地景观和湿地动植物资源，也孕育了福州城市部分内河的潮汐河流特征（图3-1-2）。

福州中心城区大部分的内河属于平原型河流，通过水闸调控和补水维持相对稳定的水位，并通过抬高沿河城市用地标高满足防洪排涝的要求。由于平原地区高强度的城市化建设，河流布局也经历了由"自然型"向"井字型"及"干流型"结构的演变，即河流被"裁弯取直"，中小河流湖塘被大量填埋，干流长度比显著增加，驳岸普遍硬化，河网的调蓄功能弱化，侧重于排水排洪，甚至成了排污沟。

福州的山区河流为山溪型河流，其中山口以上为源头溪谷段，比降一般大于1‰；山口下为洪积扇段，比降一般也达到1‰。城市中多为洪积扇河段，如解放溪、新店溪等，随着城市化进程也有"干流化"的趋势。受地势落差的影响，平时水量较少，快速地排入下游河道，而雨期水量猛涨，山洪快速下泻，短时间形成山地急流，所以这类河道一般有高耸的驳岸，且驳岸多为硬质材料。

福州内河虽然为数众多，但在高水高排、晋安河直排、内河整治等重大工程完成之前，城区防洪排涝的压力一直较大，每遇暴雨时节，市内较易形成内涝现象。因此，沿河而建的慢行设施绝非孤立的工程建设，必须顺应内河行洪防涝安全要求，各类设施不得影响河道排洪能力，同时慢道建设应保障岸线稳固安全。

而护岸形式又会直接影响河流滨河地带的生态环境，平直的河道形态虽然节约了城市建设用地，但却失去了自然河道特有的景观形态和生态环境；"三面光两堵墙"的断面形式虽然提高了行洪能力，但却割裂了滨河绿地与水体之间的联系；条石干砌或混凝土护岸虽然更有利于岸线的安全稳定，但却破坏了湿生动植物的生境。因此，滨水福道建设还应当遵循水生态的科学要求，在满足岸线安全、行洪安全的前提下，倡导岸线的生态化。同时，滨水福道还应当统筹滨河绿地和生态岸线，大力提高滨水地带的生态截污和生态补水能力，不断提升河道水质，改善水环境。

城市滨水地带又往往是城市风貌格局中各功能组团内部乃至城市整体空间格局中重要的景观轴线，滨水绿地也是城市绿地系统中重要的带状绿地，而滨水福道既是滨水绿地的重要建设内容，也是滨水景观的重要组成部分。这就要求其应当充分结合周边城市风貌，成为塑造滨水景观的重要主体，且布局应有利于水体敞露，选线应有利于亲水性景观的塑造，选型应有利于滨水景观的协调。

　　除此之外，由于福州城市内河拥有古桥、古码头、古亭台等众多历史文化遗存，因此滨水福道还应当注重历史文化资源的保护和展示，创建内河文化名片（图3-1-3）。同时，福州内河还承载了排水、防涝、休闲、景观、文化和旅游等综合功能，这就要求滨水福道建设必须统筹兼顾。例如，水上游览线路是福州内河旅游的一大亮点，则滨水福道的过河桥梁和临河设施应当不影响内河的通航能力，并且还应当紧密结合码头泊位、临时停靠点、亲水平台等设施，大力改善内河通航条件，提高水上游的趣味性。

　　总体而言，受福州河流众多、水网密布、水文多变、临河资源丰富多样的特点影响，福州滨水福道建设应当相应地满足水安全、水生态、水环境、水文化、水景观、水畅通等多重要求。

图3-1-3　内河边的古桥、古亭、古庙、古树、古码头，古韵悠远（来源：王文奎 摄）

第二节　滨水福道建设策略

一、链网策略

位处闽江河口冲积平原，福州城内水系广泛而均匀分布，成为链接城中自然景观资源、历史人文要素、社会公共设施等重要兴趣点的主要物质载体。滨水福道借助河网密织的天然优势，构建完整且通达的慢行交通系统，打通线路上的阻点、断点、公共活动盲区，强化滨河福道的链接性，实现与滨水地带的联系，实现水道网络自身的联系，使滨水福道网络成为城市绿岛链的主体脉络（图3-2-1）。

二、系统策略

滨水福道的建设与福州市的水系综合治理的系统工作相结合。包括与水安全相关的防洪排涝、堤岸建设、内河清疏、滞洪湖体建设等相结合；与水环境提升有关的沿河截污纳管、低影响开发（LID）、水质净化工程等结合；与水生态有关的生态水岸建设、滨水植被营建、湿地保护和水系生境营造等结合；与水文化有关的古桥、古树、古厝、街区以及非遗等的传承保护和活化利用相结合。滨水步道的建设与各项工作无缝衔接，同步实施，与流域综合治理、滨水两侧城市更新以及城市生态修复系统结合。

图3-2-1　"水道链网"策略模式（来源：何苗苗 绘）

三、亲水策略

　　水资源的生态性和景观性决定了市民活动的亲水性。滨水福道是以水为主体元素的建设工程，一方面在布局上，应尽可能贴近水系，甚至可在确保安全的前提下与水体直接亲密接触，形成空间亲水；另一方面在景观塑造上，必须维护湿生空间的自然生态环境特点，具有显著的临水景观特征，形成风貌亲水。与此同时，城市滨水地带是最具活力的开放空间，滨水福道应当以此为基础，创建公共活动场所和设施，策划水活动，为福道游客提供滨水地带特有的愉悦感，形成情感亲水（图3-2-2）。

四、筑岸策略

　　滨水福道建设与城市水体的护岸建设无法分割。滨水福道和水系护岸都是城市滨水绿地的重要建设内容，通过建设多样性的内河驳岸、多层次的植物群落、多功能的景观场所来打造丰富的滨水景观空间、亲水慢行线路、公共休闲场所，形成具有浓郁特色和强烈吸引力的城市滨水公园。为了使各项建设内容和谐统一，福州市坚决贯彻了《福建省万里安全生态水系》的治理策略，尽量采用生态化岸线，因地制宜选择驳岸入水形态与形式，或缓坡入水，或直立筑岸，或阶梯台地，创建了十分丰富的景观空间

图3-2-2　福道及沿线开放空间应当强调亲水性（来源：王文奎 摄）

（a）缓坡式驳岸

（b）阶梯式驳岸

（c）直立式驳岸

图3-2-3　筑岸策略模式（来源：王文奎 摄）

（图3-2-3）。特别是在生态水岸中，提倡湿生环境的植被保育，降低人工干预，遵循福州市滨水地带的植被演替规律和植物材料，以近自然的手法，营造自然深潭浅滩和泛洪漫滩，促进湿生环境植物群落的生态系统构成，模拟自然生态群落，维持自然生态平衡，为滨水生物提供多样性生境，形成水岸一体的生态景观，让河流重现生机。

五、文韵策略

福州古城因水而生，并为城市留下丰富的历史文化遗存。滨水福道的建设通过对物质和非物质遗存的深入挖掘，恢复滨水地带的文化传承和厚重底蕴，使滨水步道更具吸引力和识别性。福州是闽东南沿海古老的水乡型城市，内河文化遗存丰富多样，包括桥梁、古树名木、亭台庙宇、内河文化街区、沿河生态文化等多种物质形态，以及由诗歌典故、文人韵事、民俗民风、文化信仰等组成的非物质文化要素。滨水福道通过分类、筛选，梳理出具有系统性的文化脉络，提炼出具有代表性文化符号，为水道建设提供重要的文化支撑，并形成福州水道网络的核心韵味（图3-2-4）。

图3-2-4　滨水步道与历史文化街区相融合（来源：王文奎 摄）

第三节　典型滨水福道实例

典型滨水福道实例位置示意如图3-3-1所示。

一、环南台岛休闲路——潮汐型河流的滨江综合慢道

环南台岛滨江休闲路位于仓山区，绕南台岛一周，全长约60千米，依托闽江、乌龙江的滨江自然风景和历史人文资源，串联起滨江多个公园绿地、古镇古村，并与南台岛内部的各种步道有机联系，"可骑、可跑、可走"，还与未来的水上游览相连，同时因为潮汐型河流复杂的水文特征和高标准的防洪要求，慢行系统的规划设计也采取了与之相适应的诸多理念和方法，兼顾了安全、生态、美观和实用，成为福州最综合，也是最长的一条滨江休闲景观慢行道。

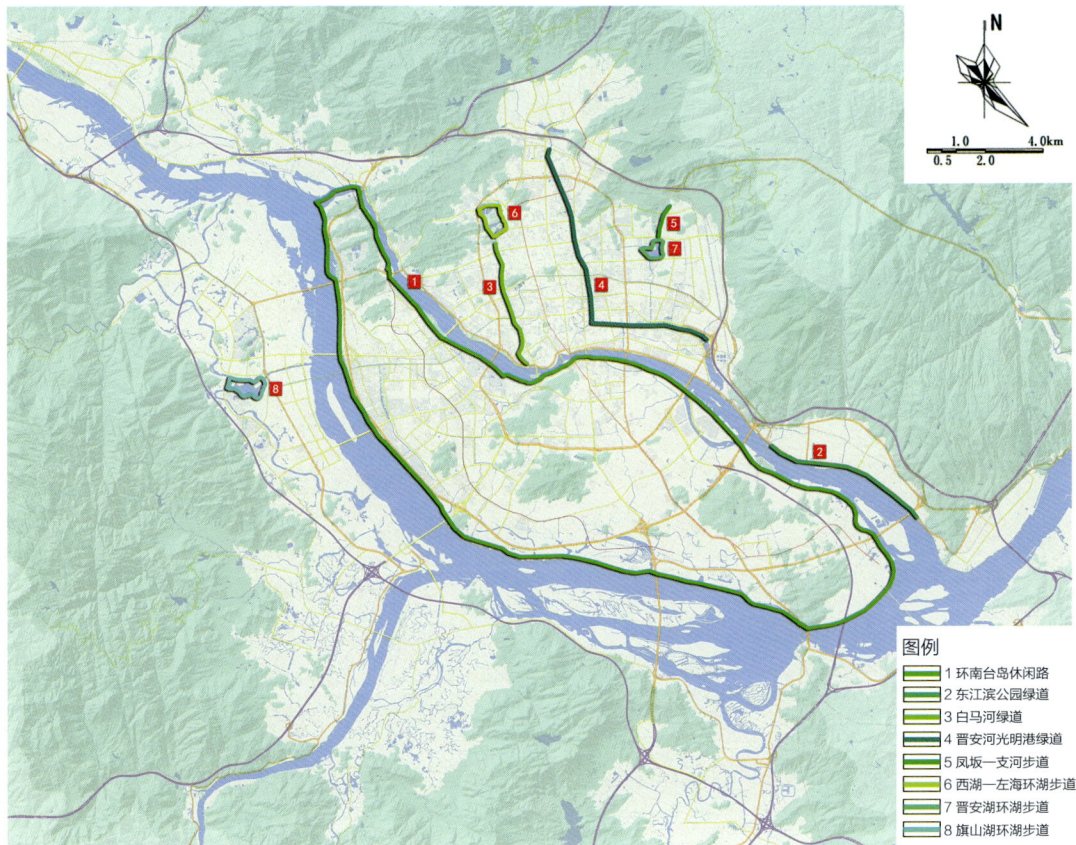

图例
1 环南台岛休闲路
2 东江滨公园绿道
3 白马河绿道
4 晋安河光明港绿道
5 凤坂一支河步道
6 西湖—左海环湖步道
7 晋安湖环湖步道
8 旗山湖环湖步道

图3-3-1　典型滨水福道索引（来源：何苗苗 绘）

1. 场地概况

南台岛两江夹岛，面积142平方千米，是闽江中最大的江中岛。环岛滨江地带山水相依、湿地沙滩、生境多样、温泉茉莉、古镇古村、新城新韵，浓缩了福州山水城市和历史文化名城的诸多特色。沿线名人辈出，文运昌盛，丰富的人文景观也是难得一见。

由于闽江典型的潮汐性河流特点，又受闽江上游季节性山洪影响，滨水地带水文变化情况复杂，每日的水位变化约有3~5米，最低水位和设防洪水位之间高差可达8米以上。显著的水位涨落和咸淡水交融，形成了丰富的河滩地景观和湿地动植物资源。但环岛防洪设施的建设，在保障城市用地安全的前提下也在一定程度上破坏了河流的自然景观，隔断了城市与河流的联系。

环岛滨水地带城市道路基本建成，既有南岸的三环路、环岛路等快速路，也有北岸的主干道、次干道和支路，环岛道路等级多样，在提供滨江车行观光游览的基础上，一定程度上也对慢行系统接驳提出了复杂的要求。按照《福州市绿道网规划》，环南台岛滨江地带将打造兼具骑行和步行的混合型绿道，这也是福州市的一级绿道。

2. 目标要求

充分利用环南台岛丰富而又独特的自然和人文历史资源，保护福州典型的潮汐性河流水岸生态系统，融合休闲、健身、旅游、观光等多种功能，实现骑行、跑步和漫步等多种慢行方式，打造福州"长、优、美"的环岛休闲慢行系统和环南台岛景观带，成为福州的又一张城市名片。

3. 设计概要

通过环岛休闲路，丌展沿线滨水地带公园节点及其配套设施的整体提升和建设，形成了生态保护、游憩观光、休闲健身等综合功能的载体。根据立地条件和资源禀赋，结合滨江城市的定位，规划了三江新岸、湿地花海、仓前烟树、活力滨江、淮安寻古、洪塘戏沙、十里花廊、茉香古韵、清凉寻幽等9大景观带，串联了约50个景观节点，并预留与闽江水上游览规划码头的衔接（图3-3-2）。

环南台岛休闲路主路由自行车道和步行道组成，为福州市唯一兼具骑行和步行的综合慢道。为适应复杂的水文特征、防洪要求和滨江城市道路的现状情况，形成了多样的滨江休闲路布置形式。

综合慢道宽度为4~6米，采用彩色沥青或陶粒面层，满足时速10~15千米/时的骑行标准，也满足观光电瓶车通行。作为环岛休闲路最主要的部分，尽可能做到路权专用，全线建设了52千米专用综合慢道，根据滨江防洪设施和水岸形式，主要分为堤上路和堤下路。大部分专用综合慢道设置于堤顶，在堤顶路或者路堤之间的公园带设置，通常采用4米自行车道+2米步行道并行，或局部分离设置，这些段落的自行车休闲路视野开阔，一览江景，并与滨江城市道路接驳便利，可达性强（图3-3-3a、b）；北段仓前——洪山桥段约7千米为堤下设置，与河滩的滨水公园地带相结合，一般兼做公园的主园路，穿行于沙滩、林间和多样的河

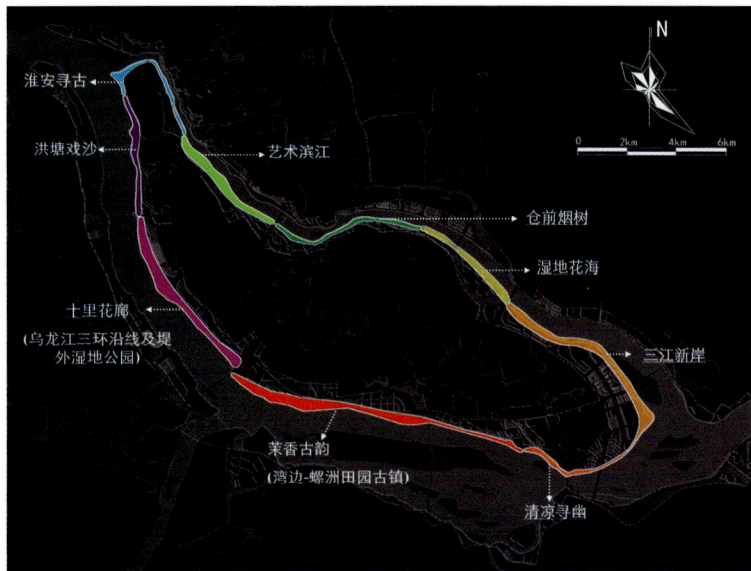

图3-3-2　环南台岛休闲路总体景观分区（来源：叶松 绘）

漫滩中，景色各异（图3-3-3c）。但在仓前烟台山段、淮安段局部约8千米由于受用地条件限制等原因，自行车道需借道共用滨江城市道路的非机动车道，并做好有效的标识引导与隔离（图3-3-3d）。

环岛休闲路的次路为步行道，其设置与滨江公园带和生态保护修复融为一体，既是各个公园的主要园路，也因串联在一起，而成为满足多种健身休闲和观光游览体验的环岛步行系统。宽度1.8~6米不等，路面的材质也多种多样，既有压印仿石的混凝土路面，也有当地的石材路面，还有一些小路采用碎石、块石、彩色混凝土等材质，为突出湿地生境保护的段落还设置

（a）路侧堤顶专用综合慢道

（b）绿地内的堤顶专用综合慢道

（c）堤外河滩绿地内专用综合慢道

（d）休闲路自行车道与市政道路共用

图3-3-3　环南台岛休闲路典型断面（来源：王文奎、廖晶毅 摄）

有栈道，总体上既与环境相适应，还能抵抗洪水的淹没和冲刷（图3-3-4）。

（1）三江新岸

本段位于福州市三江口新区，以道庆洲大桥为起点，终点至魁浦大桥，长度约8千米。沿线既有新建的海峡文化艺术中心和三江口生态公园、又有保留提升的绍岐古渡、芦湾观鹭、船厂花园、三江日出等原有景点。该景观带休闲道结合岸线形态、绿地规划、江面及城市规划等因素布局，将山、水、堤、城融合，不仅使人在行进过程中感受步移景异，增添步行空间的丰富性和趣味性，还使滨水地段具有更高的可达性、城市更具亲水性，充分展示了高品质的城市新区形象（图3-3-5、图3-3-6）。

（2）湿地花海

本段以魁浦大桥为起点，终点至鳌峰大桥，沿线约5.2千米，6米宽休闲路位于防洪堤顶，串联海峡国际会展中心、花海公园、国际会展中心游艇码头、金融街灯光秀观景台等多个景观节点。该景观带以"烂漫花田

图3-3-4　堤外公园绿地中多样的步道材料（来源：王文奎 摄）

图3-3-5　海峡文化艺术中心和三江口生态公园（来源：廖晶毅 摄）

与浅湖湿地"为主题，结合场地肌理，四季更替，在江岸边创作一幅花田烂漫、清湖荡漾、芦花茫茫的旖旎画卷，打造四季花田、游湖闲憩、湿地科普为一体的开放式江滨公园，并通过花海湿地与雕塑艺术展示的结合，塑造兼具自然生态和人文艺术气息的滨江风光带（图3-3-7、图3-3-8）。

（3）仓前烟树

本段以鳌峰大桥为起点，终点至尤溪洲大桥，长度约5.4千米，自行车休闲道借道仓前路，

（a）金沙飞舞鸟瞰　　　　　　　（b）沙滩和滨水步道　　　　　　　（c）步道边的船厂花园

图3-3-6　三江口生态公园（来源：廖晶毅、王文奎 摄）

图3-3-7　湿地花海段鸟瞰（来源：石磊磊 摄）

图3-3-8　花海公园实景（来源：王文奎 摄）

休闲步道则设置于堤顶或堤外，形成多层次的滨江观景空间。主要景观节点围绕烟台山历史风貌区展开，休闲路沿线串联了泛船浦教堂、中洲岛、烟台山公园、仓前公园、江心岛等多个滨江景点，充分展现了闽江沿岸的历史风貌特色。该段休闲路还通过人行天桥与烟台山的山地街巷步道相连，成为环南台岛休闲路最具人文气息和活力的段落（图3-3-9、图3-3-10）。

（4）活力滨江

本段以尤溪洲大桥为起点，终点至洪山大桥，长度约4.5千米，串联起了华侨公园、沙滩排球场、闽江公园南园、洪山桥遗址等多个景点。该段是环南台岛沿线中最早开始建设滨江公园的段落，个别公园有将近20年的历史。通过重新梳理滨江的断面，优化堤外公园的功能布局，或利用原有的公园主园路优化提升，或新划定骑行道断面，形成连续不断、与水岸若即若离、宽度4～6米不等的环岛休闲路。其中经过的闽江公园南园内展示了世界各地的雕塑家们独具风格的雕塑作品，展现了闽江沿岸的艺术魅力（图3-3-11～图3-3-13）。

（5）淮安寻古

本段以洪山大桥为起点，终点至淮安头，长度约5.8千米。自行车休闲道借道滨江市政

图3-3-9　休闲路途经烟台山历史风貌区（来源：廖晶毅 摄）

图3-3-10　仓前段滨水休闲路（来源：王文奎 摄）

图3-3-11　休闲路及闽江公园南园鸟瞰（来源：石磊磊 摄）

图3-3-12　滨江沙滩排球场（来源：廖晶毅 摄）

图3-3-13　闽江公园南园中的系列雕塑（来源：王文奎 摄）

支路，步道与滨江带状公园的主园路相结合，沿线途经福建建筑学校、福建农林大学等多所高校，并与南台岛最北端的淮安古窑址古县衙等衔接。围绕着淮安寻古这一景观要素，融合古窑遗址文化，与国际会议中心相呼应，营造了协调的文化氛围；同时沿江布设观江平台，形成可以领略闽江分水口波澜壮阔山水大观的最佳观景点（图3-3-14）。

（6）洪塘戏沙

本段以淮安头为起点，终点至橘园洲大桥，长度约5.3千米。沿线防洪堤堤顶6米宽的绿道给市民提供安全、通畅的慢行绿道空间。堤外开放式带状公园，总面积约40万平方米，宽25～220米，结合场地特征打造沙滩公园、洪塘金山寺、橘园竞渡等3个景观区，每个景观区都有其独特的景观特征和不同的游览感受。其中福州沙滩公园重现了福州人民记忆中的"农大最美沙滩"，塑造了碧水金沙、清水荡漾的活力空间；洪塘古渡景观区充分挖掘金山寺古渡口的文化内涵，营造金山寺古时八景之一的洪塘古渡，增添深厚的文化底蕴；橘园竞渡景观区以龙舟文化为景观依托，打造安静休闲的生态型滨水空间（图3-3-15、图3-3-16）。

图3-3-14　淮安头滨水景观带鸟瞰图（来源：廖晶毅 摄）

图3-3-15　休闲路和福州沙滩公园（来源：廖晶毅 摄）

（7）十里花廊

本段以橘园洲大桥为起点，终点至湾边大桥，长度约7千米，堤顶休闲路与洪塘戏沙段贯通。堤外景观带充分利用原有乌龙江湿地公园的景观资源，保留基地原有的大面积芦苇，修建步道穿梭于芦苇荡之中。全线修复原生态的城市湿地景观，营造芦花飞渡、十里花廊的滨水休闲带，让福州人民近距离感受现代生活中的自然乡野趣味（图3-3-17、图3-3-18）。

图3-3-16 洪塘金山寺（来源：王文奎 摄）

图3-3-17 乌龙江湿地公园的花岸（来源：王文奎 摄）

图3-3-18 十里花廊典型滨江福道（来源：王文奎 摄）

（8）茉香古韵

本段以湾边大桥为起点，终点至乌龙江大桥，长度约15.3千米。规划全线新建休闲车道、自行车道和慢行步道。其中休闲车道满足十年一遇的防洪标准，沿途经过阳岐古村落、严复故居、陈宝琛故居，陈文龙尚书祖庙、荔枝林、茉莉花田、生态农田、螺洲古镇等多个人文与自然景观（图3-3-19）。拟建的自行车道和慢行步道部分路段与休闲车道共线，利用绿化带进行隔离从而起到人车分流的作用，让自行车爱好者和步行者有美好的休闲体验；部分路段充分利用原有的田耕路与堤顶路，将游人引向江面，引入丛林，峰回路转，步移景异。本段滨江绿地面积约147公顷，规划上遵循"低干扰，重生态，多利用，少破坏"的原则，充分利用茉莉花田、福橘荔林、温泉古镇、历史人文等景观元素，打造原生态、原记忆的"最福州"滨水田园风光带，形成"可游、可观、可娱、可憩"的福州近郊兼具乡土和人文特色的郊野公园。

（9）清凉寻幽

本段以乌龙江大桥为起点，终点至道庆洲大桥，长度约3.5千米。受地形地势制约，休闲自行车道和慢行步道共线临江设置，沿途可南眺乌龙江、北望正在建设福州三江口植物园的清凉山，与三江新岸段闭环衔接。为打通山水通道，规划将架设一座人行天桥，使清凉山与规划的环南台岛休闲路外滨水空间相连接，并可通过游船码头畅游三江口，实现真正的游山玩水、赏花品城，打造山、水、城相融的景观空间（图3-3-20）。

4. 特色亮点

环南台岛休闲路以"路"为契机，整体保护和修复滨水生态环境，整合串联环岛人文和风景资源，提升滨水地带的整体活力，展现福州山水城市的特色，主要有三个特点：

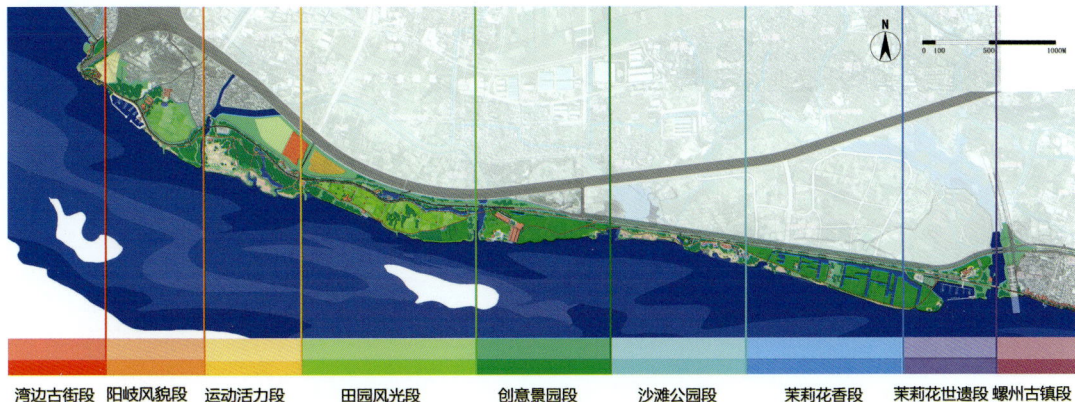

湾边古街段　阳岐风貌段　运动活力段　田园风光段　创意景园段　沙滩公园段　茉莉花香段　茉莉花世遗段　螺州古镇段

图3-3-19　茉香古韵段规划（来源：梁冠巍 绘）

图3-3-20　规划的滨江休闲路可与清凉山相连（来源：高屹 绘）

（1）自然资源的保护与整合

南台岛滨江资源丰富，构建休闲路时因地制宜，既要适应每天涨落的潮汐特征，又要满足城市防洪和休闲路安全的要求，隐堤于路、融堤于景，重点突出对自然景观的保护，如现有岸滩湿地、野生芦苇丛、高大的树木，在规划设计中均予以保留，通过低影响的整体提升和建设，让游客融入自然之中。

（2）人文历史的融入和展现

南台岛不仅自然景色优美，人文历史也非常突出，如淮安县衙遗址、帝师之乡螺洲古镇、林浦宋帝行宫、阳岐严复故居等，但世人却知之甚少。环南台岛休闲路的构建，像一条丝带，将这些丰富的文化资源串联在一起，形成韵味悠远的休闲景观带。

（3）服务功能的完善和补充

由于环岛各种资源分布较为零散，有的距离建成区较远，出行较远交通不便，在构建休闲路时结合立地条件设置自行车骑行道（兼观光电瓶车道）、跑步道和休闲漫步道多种形式，合理配置了交通接驳设施、休息设施、服务驿站、指引系统和标识系统，并预留衔接规划的旅游码头，将休闲路打造成"宜骑、宜跑、宜走、宜车、宜舟"全方位综合休闲慢行系统。

5. 建设成效

环南台岛滨江休闲路作为福州市最长的慢行休闲系统工程，采取总体规划、分段立项开展设计和建设的模式。自2014年3月起陆续开工建设，截至目前已基本完成除茉香古韵、清凉寻幽两个景观段落之外的其他部分，形成了一批城市网红点。其中，三江口生态公园坐拥十大网红打卡点，被称为"福州最美滨江景观带"；活力滨江段周边居住区较多，自行车绿道及人行步道沿江而设，环境优美，已成为群众傍晚跑步、骑行、健身的好去处；湿地花海在每年的元旦、春节、五一节和国庆假期都被盛开的繁花装点，有相当高的游客量与媒体热度，不但在新建公园中名列前茅，更是摄影爱好者的天堂和婚纱拍摄的首选圣地；沙滩公园东侧紧邻三环快速，交通便利，西侧是宽广的乌龙江面，沙滩主题十分适合亲子和年轻人游玩，每到周末人潮涌动，备受市民喜爱，也深受临近的大学师生青睐。

二、东江滨公园绿道——揽江观潮的闽江智慧绿道

项目位于马尾滨江绿地，紧邻江滨大道和福建自贸试验区福州片区，是全长约8.7千米的混合型绿道。项目在福州率先实现了滨水步道、休闲自行车道与城市公共交通的无缝衔接，同时结合带状公园内的接驳设施，共建设9处配套餐饮服务设施、健身活力场所以及特色城市公共艺术展示区等，使东江滨公园成为马尾新城的活力带和高人气的慢行空间，还是福州首个"智慧公园"。项目于2012年建成对外开放，并成为福州市绿道网一级绿道的重要组成部分。

1. 场地概况

马尾东江滨用地靠早年吹沙造地而来，防洪大堤直临闽江，位于典型的潮汐型河流段，采用护坡式大堤，堤顶宽度大于5米。东江滨公园位于江滨东大道与防洪堤之间，宽30~50米不等，占地面积约49.9公顷。受感潮影响的江滩主要位于公园中段堤外，由三个沙洲岛组成，离岸30~160米，整体呈带状分布，长度约1500米，宽30~140米，总用地面积约13.5公顷。由于常年受潮水影响，岛上景观资源单一。场地周边有大量研发产业区、商业区及居住区。

2. 目标要求

2012年前后，全国掀起绿道网规划建设的热潮，本项目就绿道建设方式与城市综合活力提升相结合展开探索。在本次设计中将城市绿道、园林景观、交通系统、配套服务等众多内容相结合，总体上以连续的滨江绿地作为基础，有序地组织步行系统及贯穿全线的自行车绿道，并结合公共开放空间营造沿江优美的环境氛围，打造具有地域文化内涵的现代都市滨江景观活力带，最终形成"江—绿—道—城"融合共生的现代滨水慢行空间（图3-3-21）。

3. 设计概要

东江滨绿道及公园以塑造现代滨水城市开放空间为契机，带动福州经济开发区的整体形象提升，形成"一轴，一带，多节点"的空间结构。项目清晰划分了滨江走廊及休闲慢道的交通线路，防洪堤顶5米的滨江步道与城市侧的3米休闲自行车道形成了安全、畅通、优美的慢行交通系统。在视线上保持了公园重要的观江视域，形成了不同的特定景观环境，既有

助于确定方位，尊重场地特征，还能览江观潮，给人们留下深刻的印象。项目合理布局开放空间，设置景观服务建筑，增加公园视觉焦点，并通过绿道串联起了东江滨公园的七大重点景观和功能区（图3-3-22）。

（1）悦动扬帆

该节点作为东江滨公园的起点，其设计打破了传统绿带的概念，将重点放在对道路系统进行完善和提升方面，并利用自行车道贯穿全园和连接节点。市民通过景观平台进入绿道的起始点，向南可眺望江景，向北可观江滨大道，骑行者也能体验不同的视廊。由此，绿道真正进入了东江滨公园（图3-3-23）。

（2）妙高品城

该分区通过场地急缓不一的有序抬升，将愿景台打造成场地的视觉汇聚点，凭风而立，视觉无碍。南侧既可面向闽江逐级而下，亦可停留驻足休憩静思，两相皆宜。起伏的微地

图3-3-21 马尾东江滨"江—绿—道—城"融合的景观带（来源：王文奎 摄）

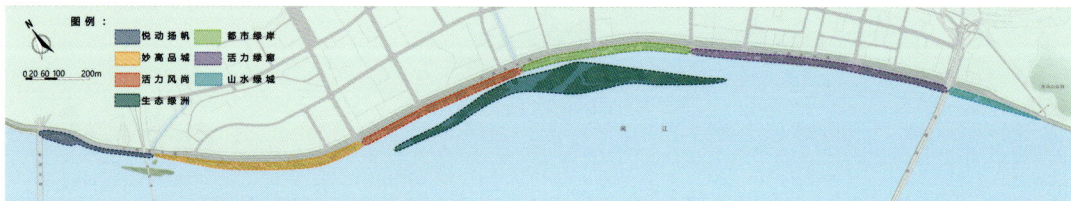

图3-3-22 东江滨公园景观分区（来源：高屹 绘）

形，统筹考虑了行人与骑行者的观景体验需求，通过不同的植物配置达到丰富的慢行体验。绿道由原来平直观江缺少变化的开敞空间融入或临水，或林中，或起伏，或平坦的骑行和步行环境中（图3-3-24）。

（3）活力风尚

活力风尚区完善了空间配套服务需求，改善了公园整体环境，增加了一系列市民休闲设施，如篮球场、五人制足球场、极限运动场及乐道儿童娱乐场。还配套了服务建筑、休闲亭廊架、阳光草坡、玩耍沙丘等，为市民提供交流健身的休闲开放空间。多样化的植物配置营造了不同的景观空间，以满足不同年龄层的需求，为滨江景观增添活力与特色（图3-3-25）。

（4）生态绿洲

堤外沙洲岛的设计以保护性开发为主要规划理念，低密度建设，充分尊重自然环境，减小人为干扰，强调原生植被的保护和乡土湿生植物的应用，利用环形栈桥组织主要游览路

图3-3-23　绿道边的观江平台（来源：王文奎 摄）

（a）台地引导滨江视线的变化　　　　　　　　（b）台地提供了望江品城的视线

图3-3-24　妙高台竖向变化体验多样绿道的视线（来源：王文奎 摄）

线，并在低洼处结合湿地植物景观共同组成岛内景观格局。将颇具当地民俗特点的传统龙舟放置于公园内，保留了地方文化特色，使自然与传统文化巧妙融合（图3-3-26）。岛内的景观灯全部由太阳能供电，既满足了日常功能照明需求，也满足了绿色生态的理念和防洪要求。

图3-3-25　活力风尚区多样的活动场地（来源：王文奎 摄）

图3-3-26　沙洲岛保护湿地之美（来源：王文奎 摄）

（5）都市绿岸

该分区在尊重公园原始功能性和地域性的同时，对公园的原有绿化进行空间疏密和品种补植的优化，利用成林的山樱花、紫薇等"花化彩化"，重点营造丰富的绿道景观视线，通过打通望江的视线通廊让骑行于公园的市民也能感受到江滨迎面的清风（图3-3-27）。

（6）活力绿廊

该分区有丰富多样的竖向空间，整体抬高的滨江步道为游人提供了较好的观江视域。通过规模化的绿化花化和穿梭其间的慢行系统，与视野宽阔的城市观景平台相连，有变化多样的半围合广场空间，有逐级抬升的花田和草阶，以及为完善防灾避险功能而设置的应急疏散广场，都让置身其中的人们感受到充满活力和多样化的城市滨江空间（图3-3-28）。

图3-3-27　都市绿岸中骑行的江景视线（来源：王文奎 摄）

图3-3-28　活力绿廊中高地步道的月见草花田（来源：王文奎 摄）

（7）山水绿城

该节点既是东江滨公园与天马山公园山水相连的重要通道，同时也是公园衔接马尾中心城区的主要过渡空间。该段落以绿化群落为背景，福文化广场为核心，结合休憩亭廊与配套服务建筑，共同创造人文与自然和谐统一的滨江活动空间。特色雕塑和波浪形广场铺装等景观元素共同营造出充满城市气息又不乏自然感的氛围。而远眺天马山公园，让人心生向往，产生遥相呼应的对景视觉体验。

4. 特色亮点

东江滨绿道全程无障碍，是福州第一条休闲自行车道和步行道专属路权的绿道，确保人行和骑行各行其道，安全更有保障。为了凸显滨江休闲慢行系统特有的山水大环境和大景观，兼顾线性带状绿地宜人的慢行体验和休憩服务，在视线组织、绿道布局、竖向设计、服务设施布局和植物景观空间塑造等方面开展了诸多的探索尝试，主要概括为以下几个方面：

（1）精细的滨江视线引导和慢行体验

为保证江滨大道的车行与人行的观江视线通达性，根据现有场地巧妙设置，制造微地形，坡顶高度控制在1.5～2米，结合"间绿透绿"的植物配置，不仅满足观江需求，而且创造了丰富变化的景观空间；同时，将主要的步行空间置于滨水岸线，而自行车骑行道置于带状公园绿地内，通过地形的竖向变化，营造不同骑行道的不同高度，形成骑行的丰富观江视线，成为福州滨江地带深受百姓喜爱的休闲骑行线和打卡地（图3-3-29）。

（2）与公共交通和服务设施的零接驳

项目将慢行系统融入公园内，自行车绿道贯穿整条滨江带，为市民提供了新的户外活动方式。强调了绿道与自行车接驳站、公交车站、过街天桥、停车场，以及体育健身、主要服务配套设施等活动场所的对接，实现慢行系统与公共交通和服务设施的无缝衔接和高效服务（图3-3-30）。而全线间隔约1千米的驿站，为提升东江滨绿道的高品质综合服务功能，起到了明显的作用，也为公园的可持续运营奠定了基础（图3-3-31）。

图3-3-29　具有丰富景致的东江滨休闲骑行道（来源：王文奎 摄）

图3-3-30　多种交通设施的无缝衔接（来源：王文奎 摄）

图3-3-31　滨江绿道沿线的驿站提供高品质的服务（来源：王文奎 摄）

（3）绿化营造疏密有致的滨江景观

绿化种植方面主要采用规整式与自然式相结合，通过空间的"聚散分合、连续变化、韵律节奏"等多种处理手法来形成密林、林带、疏林、缓坡草地等多种空间，既使观江视线通透，又有变化丰富的林冠线和季相变化，也使公园内的公共活动空间错落不同，疏密有致。另外，公园堤外留下了一小块弥足珍贵的原生湿地，保留了大部分的原生植物，同时补植了以东方杉和黄金柳为主的乔木，以及美人蕉、鸢尾、菖蒲等水生植物，丰富了河滩的生物多样性。

（4）打造了福州首个"智慧绿道"

绿道照明主要采用LED灯，照明采用物联网智能照明控制系统。该系统采用电力载波与GPRS结合的无线智能控制方式，可与城市物联网系统连接，实现上位机监视和控制绿道内所有的照明灯具。"智慧绿道"还体现在更精细化的智能化管理上，公园的绿化采用了全自动喷灌系统，可根据天气情况由电脑控制自动喷灌，公园管理者也可通过网络终端掌握公园土壤情况，仅靠鼠标就能实现自动化灌溉，不仅节省人力，也能节约用水（图3-3-32）。

图3-3-32　绿道沿线疏密有致、变化丰富的植物景观空间（来源：王文奎 摄）

5. 建设成效

本项目是福州首个拥有完整步行和休闲自行车骑行系统的滨江绿道，也是福州绿道网的首条一级绿道。项目获得了福建省优秀工程勘察设计二等奖。东江滨慢行系统串联起了各个沿江城市开放空间节点，优化了城市人居环境品质，实现了马尾与福州中心城区绿道系统的贯通。东江滨公园绿道宛如一条活力绿带，拉近了闽江与城市的关系，形成了"江—绿—道—城"一体化的景观空间格局，在提高滨江生态环境品质的同时，还极大地丰富了周边居民的日常生活，提升了沿线的土地区位价值。

三、白马河绿道——水韵文道，富有生机的滨河步道

白马河既是福州市典型的平原型河流，也是闽江北岸主城区南北向的骨干河流之一。其自唐罗城开始，就是福州古城西城门外的重要河流，南段白马桥附近，还曾是福州古代重要的木材交易场所，见证了福州城市格局的演变和发展。白马河是福州市率先开展内河滨河步道和水系综合治理相结合的项目。2010年启动，至2020年共分两阶段实施，同步开展了河道清疏、驳岸加固、沿河截污、景点打造、沿河城市界面的景观改造和夜景灯光优化等一系列工作，重点挖掘和体现了文化资源特色（图3-3-33）。

1. 场地概况

白马河位于福州城市西区，起于西湖公园，南北向穿越鼓楼和台江两个区，并直达闽江。其总长约4.86千米，河道宽30~50米不等。沿线生态基底良好，植被茂盛，文化底蕴丰富，串联了西湖公园、三坊七巷、乌山、上下杭等福州重要的历史文化地段和风貌区（图3-3-34），也是芳华剧院、福州日报等文化单位较为集中的区域，这些文化要素为白马河的整治改造和步道建设注入了灵魂，增加了历史的厚重感。

白马河水位稳定、水流平缓，汛期承担着城市西片区主要的行洪排涝功能，同时也存在河道水质差、驳岸硬质化、景观单一、沿河空间阻塞、慢行环境不佳等问题，沿线有大量的居住

图3-3-33　白马河鸟瞰（来源：石磊磊 摄）

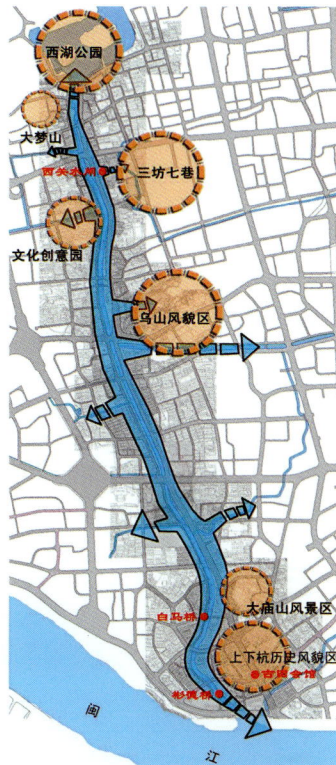

图3-3-34　白马河串联的重要人文
景观资源（来源：何达 绘）

区，人口密集，对城市绿道有刚性需求。

2. 目标要求

2010年福州市提出打造"沿江、沿河、环湖、达山、通公园"的"绿岛链"绿道网络系统，白马河作为福州中心城区的重要水道，是绿道系统中的重要骨架之一。作为第一条上规模的内河滨水绿道，在贯通慢行系统的同时，通过对白马河进行综合治理，改善白马河的水质、提高防洪排涝能力、优化沿岸人居环境和景观，使白马河及沿线"路通、岸绿、水清、水畅、水美"，改善了城市公共开放空间和绿道体系，发掘了历史河道的文化内涵，提升了蓝绿空间的复合价值和活力。

3. 设计概要

白马河滨水绿道两岸全长约9.6千米，通过杨桥路口节点、白马桥节点、幻灯片厂节点等的拆迁，拆除违章和侵占河道水岸的建筑、打通沿河两岸的步行堵点，开展沿线建筑环境整治、打造重要的滨水文化景观节点。步道设置以亲水及连续为主要原则，因地制宜，形式多样，宽度2.5～5米不等，或于水街畔，或于古榕下，或于林荫中（图3-3-35～图3-3-37）。根据水文条件和立地情况，可分为缓坡式、退台式、直立式等多种形式（图3-3-38），形成

图3-3-35　勺园创意园边的滨水步道（来源：王文奎 摄）

图3-3-36　古榕下的滨水步道（来源：王文奎 摄）

图3-3-37　林荫中的滨水步道（来源：王文奎 摄）

（a）缓坡式

（b）退台式

（c）直立式

图3-3-38　多类型河道驳岸及步道断面（来源：何达 绘）

了丰富多样的滨水步道断面。路面以石材、透水砖为主，局部采用木栈道，与沿线不同的风貌特色相协调。

结合滨水绿道建设，同步开展水系综合治理。包括沿河两岸埋设截污管道，杜绝晴天污水入河。通过干塘清淤、疏通河道、加固驳岸、拆除阻洪设施，提高河道的行洪和自净能力。滨水绿带采取清疏和提升相结合的措施，清理下层杂木，疏通滨水视线，打造更多的临河林下休憩空间。

在步道贯通和水系综合治理的基础上，结合现有的生态基底及沿线文化底蕴，打造白马河步道"一带多点"的景观空间结构，设计了新白马河十八景。其中"西关古韵""芳华流芳"周边毗邻芳华剧院、勺园创意园、省画院等文化场所，是最具文化气息的段落。"白马余韵""彬德掠影"围绕白马古桥及彬德古桥的节点展开（图3-3-39、图3-3-40），通过对其历史的追忆及挖掘，讲述福州古代水上商贸的故事。

伴随着滨河步道的建设，在西关古韵、芳华剧院、上海西、白马古桥及彬德古桥节点设置游船码头（图3-3-41），在通航的河段同步增加夜景灯光，用光影展现白马河的风貌特色，讲述白马三郎等历史故事，实现了白马河的"岸上行、水中游"。

4. 特色亮点

作为福州市首个开展内河滨水绿道建设和水环境综合整治的项目，具有以下几个特色：

（1）首次贯通城区主干内河的慢行系统

白马河全线步行贯通，部分跨河路口实现了人车分离（图3-3-42），同时延伸连接了周边的西湖、三坊七巷等重要公园和历史文化街区。虽受条件限制无法实现全线无障碍通行，但是最终完整贯通形成了以白马河步道为主线，具有浓厚福州人文气息的滨水步道。

（2）绿道建设与河流综合治理相结合

将沿河地上、地面和地下进行了三位一体的统筹考虑，涵盖了防洪排涝、景观提升、文

图3-3-39　白马古桥余韵（来源：王文奎 摄）

图3-3-40　彬德（古桥）掠影及码头（来源：王文奎 摄）

图3-3-41　滨水步道与西关码头（来源：王文奎 摄）

图3-3-42　滨河步道下穿城市道路（来源：王文奎 摄）

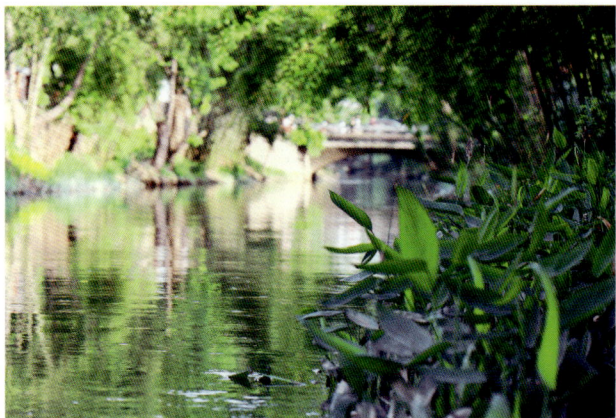

图3-3-43　丰富的滨水植物群（来源：王文奎 摄）

物保护、水污染治理等各个方面。在此基础上结合沿线的历史底蕴和人文元素，打造和提升景观节点，形成富有特色的文韵水道。

（3）营造了丰富的滨河生态景观

保留和强化两岸"榕荫伴水"的特色，结合驳岸护坡的近自然化改造和生态修复，种植多种水生植物。这些措施丰富了滨水和水面的植物群落（图3-3-43），提高了生物多样性水平，还提高了河流的自净能力，同时也营造出颇具地域特色的滨河植被景观。

（4）打造夜间慢行环境实现水陆兼游

适应亚热带的气候特征，强化晚间休闲步行的条件，营造文艺梦幻的内河夜景，打造别样的夜间慢行环境，开通水上游船航线，形成水陆一体的慢行游览系统，显著提升白马河的活力和吸引力（图3-3-44）。

5. 建设成效

白马河绿道的建设和水系综合治理，显著改善了周边的人居环境和文化品质，使白马河沿线重新焕发了生机和希望，成为福州内河整治的标志性河道和靓丽名片。由于白马河步道连接了福州三坊七巷、上下杭、乌山、芳华剧院、福州日报社等重要历史街区和公共文化设施，故其文化气息浓郁，也因此被称为"文道"。该项目曾获全国工程勘察设计行业奖（园林景观）二等奖，以白马河为代表的福州内河整治系列项目还曾获中国人居环境范例奖。

四、晋安河光明港绿道——乐活吉道、蓝绿之轴的运河步道

晋安河光明港，北起琴亭湖公园，南至光明港，并于魁岐水闸处汇入闽江，沿途流经鼓楼、晋安、台

江三个行政区，是福州江北城区最长的内河，也是城市最重要排洪河道。晋安河有悠久的历史，原为晋严高建"子城"时取土而挖成的一条"城壕"，宋时为了便利于灌溉、排洪和运输，扩展为"运河"。光明港原为闽江河道，多为河港及滩涂洲地，如鸭姆洲、鳌峰洲等，随着现代城市发展，逐渐成为城市最宽阔的河道（图3-3-45）。作为福州建成区内最"长"的蓝绿生态基础设施和最重要的绿色带状开放空间，晋安河光明港绿道是与内河水安全、水环境、水生态、水文化综合治理全面结合，并同步实施的典型项目。

图3-3-44　滨河步道夜景（来源：王文奎 摄）

图3-3-45　光明港鸟瞰全景（来源：王文奎 摄）

1. 场地概况

晋安河光明港河道总长约13.5千米，水面宽30～150米不等，最宽处可达300米，其滨水绿地宽10～150米，面积约90公顷。其沿线生态基底良好，植被茂盛，串联了金鸡山、温泉公园、琴亭湖等重要山水资源。两岸有大量居民区，人口众多，"市井烟火气息"浓厚。一河两岸的绿地也是该片区主要的绿色开放空间，整治之前已有一些带状公园，但沿河仍有多处商业办公等用地阻隔，绿带和步道不连贯。由于晋安河光明港是福州城区的主干河流和排洪河道，面临了较大的水安全和水环境压力。其中晋安河中上游沿岸是福州市内涝发生最严重的区域，并且在有闽江生态补水的情况下，其整体水质仍不佳，沿河驳岸全部硬质化、亲水性不强、景观单一，缺乏生态性。

2. 目标要求

晋安河光明港作为福州中心城区最重要的河流，是城市内河水系的"脊梁"，其绿道也是全市"绿岛链"绿道网系统中最重要的滨水骨干绿道。通过全面实施河流水系综合治理，提高防洪排涝能力，改善水质水生态，优化沿河绿地环境品质，实现滨河步道的全线贯通。有效地整合自然和人文资源，因地制宜，打造集文化、休闲、观光、娱乐、运动等多元功能于一体，主客共享、老少皆宜的优美城市带状公园和市民活力带。晋安河光明港兼具城市内河旅游观光和水上交通功能，是福州江北城区蓝绿一体的重要生态廊道、景观廊道、文化廊道和活力廊道（图3-3-46）。

3. 设计概要

晋安河光明港滨水绿道建设与水系综合治理全面结合，统一规划设计，统一组织实施。通过扩河快排，针对梗阻洪水段按照规划蓝线扩大河道断面，拆除阻洪的

图3-3-46　福州江北城区蓝绿空间的脊梁（来源：何达 绘）

桥梁和栈道等水上设施，提升了河道的行洪能力，同步建设退台型的驳岸和安全的亲水步道。通过沿河截污，全面推动了沿河的征迁，保证滨水绿带的连续性，实现了沿岸雨污水管网系统的全面改造，从源头控制减少污染源，也同步实现了滨水带状绿地和休闲步道的全线贯通。通过生态补水和全面清淤，结合部分驳岸的生态化改造，有效提高水生态环境和生物多样性，同时优化改善了滨水绿道的亲水性和生态性。

在水系综合治理的基础上，实现滨水绿道的全线贯通，两岸步道全长约27千米，宽约为3~6米不等。其中晋安河步道两岸单线布置，多临水而行（图3-3-47、图3-3-48）；光明港沿岸绿地较宽，结合公园建设，形成多条路径，或临水，或穿行于公园，打造丰富多样的滨水步行断面（图3-3-49、图3-3-50）。路面以透水砖和透水混凝土为主，局部采用当地石材和木栈道，体现生态性并与沿线的不同风貌特色相协调。滨水步道与跨河城市主干道的桥梁相交时，大部分实现桥下步行过街的方式，提供较为安全的步行环境，同时通过桥梁景观改造打造一桥一景，让生硬的市政桥梁成为滨水绿道上的一道道风景线。

图3-3-47　晋安河的亲水步道（来源：王文奎 摄）

图3-3-48　晋安河步道下穿桥梁实现沿河贯通（来源：王文奎 摄）

图3-3-49　光明港跑步道与临水漫步道平行分离（来源：王文奎 摄）

图3-3-50　光明港跑步道穿行于公园之中（来源：王文奎 摄）

结合滨水绿道的建设，既开展现有公园绿地的全面提升，又按照整体布局建设新的公园段落，贯通全线，全面提升一河两岸带状公园的景观品质和活力。其中晋安河有丰富的历史文化内涵和故事，规划了"河口听潮、王庄戏舟、爱乡番音、讲堂胜境、福新问渡（图3-3-51）、东门乐游、柳岸朝凤、万福金汤"等八大人文景观节点。光明港除了保护将军庙等重要历史景点外（图3-3-52），还依托良好的用地条件，为市民和游人提供平时和节假日体育健身、休闲游憩等多类型的场所空间，体现综合性城市公园绿地的功能，特别是增加了篮球场、五人制足球场、羽毛球场和慢跑道等老百姓期待的设施（图3-3-53）。由于晋安河和光明港是福州内河通航条件最好的河流，规划设置了12处码头，水上游览可北至温泉公园和金鸡山，东南至鼓山和闽江，打造福州内河最长的水上游船线路，同时也成为如龙舟赛等水上运动的好去处（图3-3-54）。

4. 特色亮点

晋安河光明港作为福州市开展内河滨水绿道建设和水环境综合整治规模最大的河流，具有以下几个特色：

（1）水系综合治理引领下的滨水绿道建设

作为城市重要防洪排涝基础设施和主干河流，强调了在提高水安全和提升内河水环境前

图3-3-51　晋安河畔福新问渡（来源：王文奎 摄）

图3-3-52　光明港将军庙节点（来源：王文奎 摄）

图3-3-53　光明港绿道沿线布置大量的文体设施（来源：何达 摄）

图3-3-54　晋安河温泉公园码头（来源：何达 摄）

图3-3-55　晋安河柳岸朝凤段的生态化岸线（来源：王文奎 摄）

图3-3-56　滨河步道边的活力点（来源：王文奎 摄）

图3-3-57　爱乡园成为邻里交往点（来源：王文奎 摄）

提下的绿道建设。绿道的位置、标高和形式，均与护岸工程和地下管网工程相协调，是里子和面上紧密结合的典型工程案例，也促成了滨河绿道的全线贯通。

（2）河流生态优化和绿道建设结合

保护沿岸榕树及现有乔木，补种山樱花、柳树、三角梅、木棉、紫荆等多种开花和树形植物。在柳岸朝凤段、河口听潮段以及光明港魁岐段等重点河段，尝试了驳岸的生态化改造（图3-3-55）。通过水动力计算，对常水位上下的驳岸采取不同形式，在保证行洪安全的前提下，适度恢复了水岸的生态性。个别高驳岸也采取垂直绿化和驳岸顶花化的形式，弱化沿河驳岸的生硬感，打造更加自然和花木繁盛的滨水步道景观。

（3）文化挖掘和活力营造相结合

充分挖掘历史内涵及文化底蕴，重新讲好福州内河故事，尤其是绿道串联的一处处文化节点，如爱乡番音、讲堂胜境等，都成为沿河重要的邻里交往空间（图3-3-56、图3-3-57）。有条件的沿岸绿地，日景和夜景结合，充分植入各类百姓喜爱的设施，尤其是满足各类人群的健身器材，打造百姓家门口的体育健身公园，使一河两岸成为聚集人气的乐活景观带。

5. 建设成效

晋安河光明港的水系综合治理和绿道建设，提高了内河的水安全保障和水环境质量，全面串联了一河两岸的绿色开放空间，显著改善了沿线的城市景观风貌，人居环境品质得到了极大的提升。漫步晋安河畔，榕荫浓、花意多、游人过、白鹭飞、乱莺啼，水清岸绿的晋安河光明港焕发新生，成为人气最高的健步锻炼和体育休闲内河活力带，也被称为福州绿道网中的"吉道"。该项目于2019年度福建省市政项目评比中荣获一等奖，工程设计获得2021年度福建省优秀工程勘察设计奖（园林景观）一等奖，是福州市内河水系综合治理重要的示范考察点之一。

五、凤坂一支河步道——山溪型生态河流的滨水步道

　　凤坂一支河为晋安区鹤林片区的规划河道，发源于鼓山山脚的东山苗圃，流经鹤林路后与晋安公园中的鹤林生态公园段合并，并经化工路汇入新建的晋安湖，由于地处鼓山前区，具有山溪型河流的特征。得益于上位规划的调整，鹤林路至化工路之间的河段与绿地合二为一，北靠牛岗山、南接晋安湖，构成晋安区的中央生态绿轴，是典型的蓝绿一体的新建城市内河，并秉承福建省万里安全生态水系的理念方法，其滨水步道形成了山溪型生态河流的风貌特色（图3-3-58）。

1 生态停车场
2 览秀楼
3 流杯台
4 合翠馆
5 水岸花园
6 生态停车场
7 秋天童话
8 百草园
9 留音舞台
10 径塔广场
11 阳光草坪
12 古井花园
13 生态停车场
14 凤丘广场

图3-3-58　凤坂一支河及鹤林生态公园总平面（来源：高屹 绘）

1. 场地概要

凤坂一支河上游主要源自鼓山山脚的东山苗圃处，穿三环及铁路线进入城区，经鹤林路先向西而后向南至鹤林生态公园；另一个源头，为北侧新建的牛岗山公园，其湖体承接了公园汇水区域的地表径流。凤坂一支河汇水面积约12平方千米，上游鼓山山脚植被茂盛，溪水清澈；城区段平均坡降约1.0%，河流平时水量小，有涓涓溪流之美，但雨季山洪水量暴涨，50年一遇的暴雨过洪量可达45立方米/秒。规划河道宽约15米，是典型的干渠化内河形式，流经的鹤林生态公园面积约250亩，与北部的牛岗山、南部的晋安湖，共同组成了福州晋安公园。

2. 目标要求

凤坂一支河及其步道的建设，正值国家开展海绵城市建设和福建省大力推行万里安全生态水系的时期。通过规划整合区域碎片化的蓝绿空间，充分利用绿地和水系同步建设的契机，在保障水安全的前提下，打造典型的山溪型生态河流，提升河道生态景观，改善水环境质量，提高绿地品质和生物多样性。并在此基础上，汲取传统造园思想的精华，营造丰富的竖向变化和滨水空间（图3-3-59、图3-3-60），打造福州市东城区具有自然山水园特色的生态绿廊及滨水绿道。

3. 设计概要

根据山溪型河流的水文特征，摒弃普通的干渠化和"U"形河道形式，设计近自然生态

图3-3-59　生态水系蜿蜒曲折（来源：高屹 摄）

型河流。按照汇水面积和50年一遇的洪峰流量，反复推敲优化和进行水文计算，科学地确定了自然缓坡型河流的断面和弯曲的河流平面。控制平时流速小于0.5米/秒，洪峰流速不超过2.0米/秒，保证生态护岸的安全稳定。并将涝水位线隐藏于两岸的缓坡中，满足行洪断面，既实现了滞洪要求，又扩大了行洪空间，也为市民预留了更多的活动空间（图3-3-61）。

结合丰富的滨水绿地空间，形成层次明确的步道系统。主路宽约6米，位于设计涝水位标高以上，采用透水混凝土材料；次路宽约1.8～2.5米，路面材质多样，临溪亲水，随溪蜿蜒，其材质和工艺可被洪水短时湮没（图3-3-62、图3-3-63）。如此主次结合，高低相宜，串联成"海绵花园观察径"和"临溪生态健康径"两大主题步道，并将滨水核心区、湿地科普展示区、亲子游乐区、时尚观演区、风尚乐活区五个景观分区"缝合"在一起。

图3-3-60　凤坂—支河的生态岸线（来源：王文奎 摄）

图3-3-61　凤坂—支河河流断面（来源：高屹 绘）

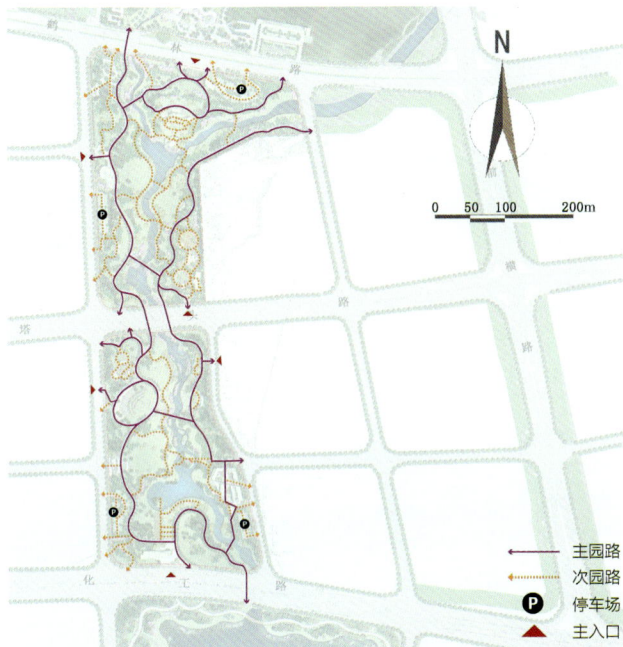

图3-3-62　凤坂一支河步道总体布局（来源：高屹 绘）

主园路
次园路
停车场
主入口

图3-3-63　滨水步道类型（来源：王文奎 摄）

主园路

次园路

4. 特色亮点

（1）蓝绿统筹生态重构

凤坂一支河实现了河流、绿地及步道的统筹规划和同步实施，按照生态水系的理念营造了城市中央的蓝绿生态廊道。丰富多样的滨水地形和植被，与近自然的溪流和谐相融，虽由人作、宛自天开，滨水步道随行溪畔，让市民尽享蓝绿生态中轴线的格局和品质（图3-3-64）。

（2）临水慢行承上启下

缓坡入水的自然驳岸，打造不同的临水步行空间，上接牛岗山步道，下联晋安湖环湖步道，实现了晋安河水系与凤板河水系休闲步道的贯通，并通过鹤林路慢行系统直达金鸡山公园东大门。共同整合组成了晋安区最为便捷的城市山水休闲慢行系统（图3-3-65）。

（3）蜿蜒曲折师法自然

原本生硬的凤坂一支河河道，被还原成优美弯曲，有深潭浅滩的近自然式河流，蜿蜒着穿过公园，随曲合方，得景随形。其水体形态"开径透迤""临濠蜿蜒"，与两岸丰富的地形变化相结合，体现了自然山水园的意境（图3-3-66）。

（4）安全韧性生态多样

根据水流特性重塑近自然山溪型河流，形成具有弹性的行洪断面，同时全面采用透水性

图3-3-64　蓝绿融合的近自然溪流（来源：王文奎 摄）

图3-3-65　游人喜爱的临水而行（来源：王文奎 摄）

图3-3-66　蜿蜒曲折师法自然（来源：王文奎 摄）

图3-3-67　透水性路面和下凹绿地（来源：王文奎 摄）

下垫面，设置下凹绿地、雨水花园等低影响开发（LID）设施，打造典型的海绵城市样板，提高了凤坂一支河所在区域的防涝排洪能力及雨水利用效率。同时形成自然多样的河流形态和水岸生境，构建了丰富的植物多样性和动物栖息地（图3-3-67）。

5. 建设成效

凤坂一支河及其所在的鹤林生态公园，是福州生态水系建设和海绵城市试点的重点项目，也是生态休闲步道的示范项目，串联了牛岗山和晋安湖（图3-3-68）。项目于2018年春节建成开园，受社会各界的高度关注和喜爱。并获得2019年度福建省级优秀工程勘察设计奖一等奖，2019年度全国优秀勘察设计行业奖（园林景观设计）二等奖，2020年度中国风景园林学会科学技术奖（规划设计）一等奖。凤坂一支河步道和公园还是福建省科学嘉年华及社会各界开展健步走等活动的重要场地，接待了大量国内外海绵城市、水系综合治理和绿道建设等方面的考察交流团。

图3-3-68　凤坂一支河和滨水步道串联起了牛岗山和晋安湖（来源：高屹 摄）

六、晋安湖环湖步道——探索"公园城市"中的生态智慧绿道

晋安湖位于福州晋安区，北起化工路，南至福新东路，西临东二环，东至龙安路。晋安湖公园是集滞洪防涝、绿色生态、景观休闲、体育文旅等多功能于一体的城市综合公园。项目于2019年开始建设，2021年年底基本建成。晋安湖之于福州东城区，如同西湖之于福州老城格局的重要性，其与牛岗山公园、鹤林生态公园共同构建晋安新城的山水绿廊，成为福州城市格局中重要的蓝绿之芯（图3-3-69）。晋安湖环湖步道主线全长约4千米，与湖体、河道、水工设施以及绿化景观同步建设，沿线还串联起了福州市少儿图书馆、群众艺术馆、区体育中心、爱摩轮文旅综合体等城市公共文体及文旅服务设施，是福州市在公园城市理念下绿道建设模式的一次探索。

1. 场地概况

项目所在区域原为福州的工业区，是福州城区规模最大的石材市场、物流区和一些大型工厂的所在地，后规划为晋安新城的中心区域。凤坂河自西北向东南纵向穿越地块，凤坂一支河从牛岗山公园东侧自北向南穿越鹤林生态公园至晋安湖，总体地势低洼，时有内涝。其用地内沿路沿河有不少高大的榕树，少有其他植被。2018年左右项目所在地周边的东二环商业区和居住区已进入大规模建设阶段，按防洪排涝规划，福州市将新增扩"五湖三园两

图3-3-69　承载了重要城市功能的蓝绿之芯（来源：高屹 摄）

池"一系列滞洪水体，其中晋安湖是福州中心城区新建规模最大的湖体，库容不少于110万立方，对整个晋安河流域和凤坂一支河小流域都起到重要的调蓄作用。

2. 目标要求

时值2018年，"公园城市"成为城市建设的全新理念和发展新范式，福州市也全力推进全市水系综合治理和绿色公共生态休闲空间的建设。晋安湖的建设正好契合时代发展的要求，不仅打造了福州市东城片区重要的滞洪防涝基础设施，提高了城市韧性和安全能力，还以此为契机，统筹蓝绿，打造兼顾"生态、美学、人文、经济、生活和社会"价值的城市生态绿芯。项目通过科学布局用地功能，倡导湖体、绿地和城市公共文体旅设施的高度融合与共建共享，实现"城中有园、园中有城、城园共融"的总体目标。以环湖地带为载体，打造高标准的智慧型步道体系，贯穿了河、湖，连接了绿地和场馆，更串联起了福州城的生态休闲与文、体、旅等公共生活。

3. 设计概要

根据城市设计和防洪排涝等上位规划，晋安湖及其环湖步道和牛岗山、鹤林生态公园共同形成"北山南湖，一溪贯穿"的总体格局，并与周围的滨河及路侧绿道相连，形成福州最大的城市综合性公园绿地。晋安湖公园总占地面积约940亩（约62.67公顷），以湖景为核心，凤坂河和凤坂一支河汇流于此，湖面东西长约1100米，南北长约600米，水面约600亩（约40公顷）。一道诗意的榕荫花堤将凤坂河排洪河道与滞洪的晋安湖体"河湖分离"，通过闸、泵结合的调控模式可实现灵活的水位调控，以发挥晋安湖最大的滞、蓄功能，也保障了晋安湖常水位的稳定性。

通过河湖分离的方式以及环湖滨河地带自然生态水岸的营造，形成了丰富的滨水景观空间和步道系统。步道临湖而设，若即若离，通过各出入口广场与城市街道紧密衔接。环湖一圈正好为1/10的马拉松里程，还有榕荫花堤的步道作为支路居于河湖之间，不仅形成了大小不等、开合相宜的水景空间变化，还丰富了园路游赏系统，共同串联起了晋安湖"平湖揽月、曲港汇芳、湖城胜景、古韵茶香、落樱春晓"等十二景，还串联起了市少儿图书馆、市群艺馆、摩天轮旅游综合体和区级体育中心等重要公共文、体、旅设施，实现了湖城一体、馆园相融，资源共享（图3-3-70、图3-3-71）。

图3-3-70　晋安湖公园总平面（来源：高屹 绘）

图3-3-71　晋安湖步行系统平面（来源：高屹 绘）

主园路步道全程无障碍，宽6米，为路基型，位于涝水位线以上，按照海绵城市建设要求，采用透水混凝土铺设路面；次园路宽1.8～2.5米不等，尽可能地亲近水面（图3-3-72、图3-3-73）。晋安湖环湖步道还通过下穿城市主干道，衔接了化工路北侧的鹤林生态公园滨河步道、牛岗山山地步道，构成了整个晋安公园全长约10千米，兼具山水特色的福道系统。并通过智慧采集站、互动客户端终端、智慧云平台等系统增加实用性的科技功能，以智慧步道的方式引导全民健康运动。

4. 特色亮点

（1）多样的水岸步道

步道设置充分结合水面的开合变化，结合堤、岛、湖、塘、河、泽、湾等多样的水岸空间塑造，伴水而行，形成丰富多样的步行环境，并通过8座独特的景观桥连接，在营造丰富多样的步行体验的同时，感受山水园林的"理水、望山"之美（图3-3-74）。

（2）活力的功能构建

公园步道串联了多元化的功能空

图3-3-72　环湖主园路（来源：王文奎 摄）

图3-3-73　环湖临水的次园路（来源：王文奎 摄）

图3-3-74　望山、看水、丰富的滨水慢行体验（来源：王文奎 摄）

间，提升了公园的活力，为城市和社区提供了完美的活动平台，如茶会、运动、艺术、阅读、展览、亲子、慢跑等，打造亲水、亲民、活力的绿道体验（图3-3-75）。

（3）智慧的健康步道

晋安湖环湖步道通过智能化设置，可满足不同人群的锻炼需求，实现多元化数据采集，如数据互联互通、平台统一管理等，真正实现以"测""评""导""练"为核心，针对性强的"运动处方"式的闭环科学健身系统，从而为广大市民提供更舒适便捷

的健身体验（图3-3-76）。

（4）园城相融的服务体验

公园步道与文、体、旅设施和周围的公共服务设施等功能，形成了无缝衔接、纵向贯穿、横向渗透的格局，使公园与城市深度互融互通，为公园外延提供多层次的休闲配套和多元化创新的服务，增加了晋安湖公园的使用频度（图3-3-77）。

5. 建设成效

晋安湖及环湖步道建成即成为福州市的城市热点，媒体报道称"生态晋湖一鉴开，天光云影共徘徊"，城东活力中心呼之欲出。环湖步道及滨水空间已成为一些大型的群众性活动，如"福聚晋安、全民健身"以及众多单位团建的重要场地，平日更是百姓休

图3-3-75　环境优美的滨水服务场所（来源：王文奎 摄）

图3-3-76　融入智慧设施的健康步道（来源：王文奎 摄）

图3-3-77　环湖的文旅商设施与公园融为一体（来源：王文奎 摄）

闲健身、亲友相聚的首选之处。本项目作为福建省水环境综合治理、生态廊道建设和公共休闲空间建设的优秀样板工程，接待了大量政府部门和学术团体的交流考察。湖体建成之初，就在当年汛期发挥了重要的滞洪调蓄作用。更重要的是，晋安湖及环湖步道的建设，明显提升了周边片区的区位价值，成为高品质新兴城区的代表。

七、西湖—左海环湖步道——"十里西湖，步道揽胜"

西湖—左海环湖步道是福州市最早启动且备受市民关注的滨水步道项目，体现了福州传统园林和自然山水园的特色。步道总长约4600米，宽4~6米，于2007年至2021年分两次建设实施。环湖步道建成的同时，也贯通了西湖左海两大水体，实现了大西湖的景观格局，丰富了水岸景观，协调了环湖景观风貌。漫步环湖步道可饱览西湖及周围的山林和城市风光，感受千年西湖的人文底蕴，可谓"十里西湖，步道揽胜"。

1. 场地概况

西湖公园位于福州市鼓楼区西北侧，面积约42.51公顷，其中水域面积约30.3公顷，是福州历史最悠久的园林。史料记载为晋太康三年（282年）郡守严高所凿，在唐末就已是游览胜地，宋时已有"西湖八景"，1914年辟为西湖公园，1949年后多次扩园。2008年大梦山麓的福州动物园外迁，复将大梦山纳入西湖公园，成为福州市中心城区集山水和人文景观于一体的综合性公园。左海公园则位于西湖公园的北侧，西依二环路，北临铜盘路，南靠象山，总面积约35.47公顷，其中水面约18.14公顷，是1990年由洪山镇农民集资兴建的公园，其模式开创了全国的先例。公园以"五洲风光"为主题，兼具游乐园功能，后因设施逐渐老旧，导致景观活力渐失，与西湖的自然人文景观也不相协调。

西湖虽美，左海虽邻，但是由于管理体制的不同，两大公园园路不连，水系不通，各自独立运营管理。另由于历史原因，西湖和左海的滨湖水岸长期被一些单位和居住区所占据，环湖滨水的最重要景观空间不连续，市民和游客无法完整领略福州城内最好的山水胜景。

2. 目标要求

以西湖—左海环湖步道的建设为契机，整合西湖、左海两大公园，贯通步道，连通水系，扩大西湖景观格局，提高两园活力，以彰显福州大西湖景区的魅力，并在人口密集的中心城区，打造一条满足百姓迫切需求且山水俱佳的休闲健身步道系统。

（1）通路连水，扩大格局

通过清除沿岸违章搭盖，打通西湖、左海两园水岸空间；通过河湖疏浚、挖堤架桥，连通两园河湖水域，从而实现双园并联，将单一的西湖公园扩展为福州大西湖景区，形成福州西湖"一水、两园、三屿、四岸"的大景观格局（图3-3-78、图3-3-79）。

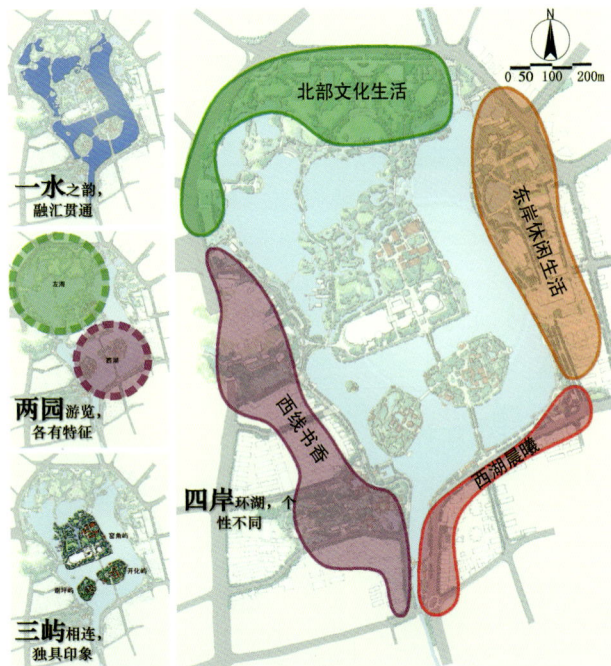

图3-3-78　大景观格局（来源：肖晓萍 绘）

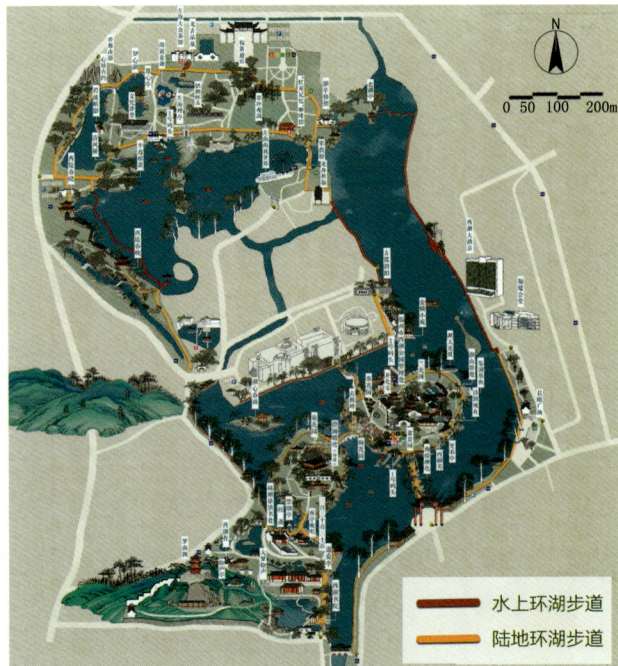

图3-3-79　总平面图和步道布局（来源：西湖公园管理处 提供）

（2）湖城融合，开放空间

通过环湖步道的串连，整合周边公共资源，将湖周边的酒店、餐饮、教育、文化、休闲等城市服务型用地尽可能融入西湖，衔接了断带，构建了多个便捷出入口，开放了整个环湖滨水空间。

（3）透湖添景，提升魅力

环湖步道的建设，同时着重梳理湖滨景观视线的通透性，增加环湖游览节点，提升水岸空间景观，打造环湖景点和水墨夜景等，创造了充满活力和魅力的福州西湖景区（图3-3-80）。

3. 设计概要

西湖左海的环湖步道采用"大、小"双环线的布局形式。"小环线"主要连接了西湖公园的核心景点，以体现西湖传统的古典园林和风景资源为主，全程约2500米。"大环线"围绕西湖和左海两大公园的水域，全程约4600米，完整展现了包括西湖、左海、大梦山、象山等在内的大西湖自然山水和人文资源。从绿道网层面看，其向东连接了白马河滨水步道，向西通过金牛山福道，延伸至闽江滨江步道，成为鼓楼区绿道网的重要一环。环湖步道沿途设置6个公园主要出入口及多个环湖水岸空间便捷出入口。主入口分别为西湖南门入口、晨曦广场入口、西湖宾馆入口、左海北门入口、左海西门入口和湖头街入口。

步道主要采用水面栈道和地面园路两种形式，全线无障碍平缓连接。水面栈道主要位于福建会堂和西湖大酒店等滨水无可建设地的段落。这些段落，在2007年第一期的环湖步道建设中，栈道采用传统全木构造形式，不足十年即已经多处腐烂。在二期建设中，对木栈道进行全面优化升级，结构替换为更耐久稳定的钢构框架，栈道平均宽度由2.4米拓宽为4.5米。栈道上局部增设休憩亭廊，铺设脚感舒适的防腐木地板，同时还在栈道两侧水域增设了隐形防坠网和游船防撞栏。升级改造后的栈道同时满足了健身慢跑与游览休憩的多种功能需求（图3-3-81a）。地面园路净宽为5米，以传统的石板路面为主，多样的形式与公园景区的风格相协调统一（图3-3-81b）。

结合环湖步道贯通的契机，先后开展了大西湖的景观整治和夜景提升。根据历史景观和场地条件，重新梳理了西湖十六景与左海新八景。如拆迁左海西门湖头街临湖12栋别

图3-3-80　结合环湖步道建设整体提升西湖景区（来源：石磊磊 摄）

（a）无障碍的水面栈道及边侧的隐形防坠网

（b）步道采用地面园路

图3-3-81　步道采用水面栈道和地面园路两种形式（来源：王文奎 摄）

墅及搬迁左海西出入口的花鸟市场，新建"西堤春晓"景点，实现了西岸滨水空间的贯通（图3-3-82）；在左海与西湖连接处，拆除废旧的"民族风情园"，打通左海西湖，增设"翠浪桥"，将两湖水域连为一体（图3-3-83）；新增了"湖亭修禊"景点，可远眺镇海楼；在金鳞小苑节点，取消外侧木栈道，借道省博物院用地，从"古堞斜阳"直接进入"金鳞小苑"内院。这些优化改造既丰富了沿湖步道的景观变化，又开放了西湖被遮藏的景点。结合北湖岛节点的栈道贯通，建设重檐的"北湖亭"，成为水中的标志性焦点（图3-3-84）。十里环湖步道，结合以水墨西湖为主题的夜景，实现了大西湖山水自然风光与人文景观的融合，丰富了环湖的景观体验和记忆点。

（a）西堤春晓入口（来源：王文奎 摄）　　　　（b）西堤春晓贯通西岸滨水空间（来源：程兴 摄）

图3-3-82　通过整治实现左海西岸贯通

图3-3-83　翠浪桥将两湖水域连为一体（来源：程兴 摄）

（a）步道沿线新建"湖亭修禊"　　　　　　　　（b）步道串接西湖景点"古堞斜阳"

（c）步道观赏西湖景点"湖心春雨"　　　　　　（d）步道沿线新建重檐"北湖亭"

图3-3-84　栈道串联西湖左海新老景点（来源：王文奎 摄）

4. 特色亮点

（1）串联山水、古今同构

西湖环湖步道的规划建设，全面梳理整合了西湖公园周边的资源，将古时环西湖的自然山水重新整合展现，如：将大梦山纳入西湖，重建"西湖书院、大梦松声"两个古时的景点；将左海公园纳入"大西湖"范围，增添了左海新八景；与金牛山及福道相连，完善区域绿道网。由此，大西湖的游览面积扩大一倍多，兼具山水，跨越古今，步行游线更完善，景观资源更丰富（图3-3-85）。

（2）水陆兼行，古韵悠远

地面园路是游览滨湖腹地景点和通达重要公建的常规路径，而水面栈道连接了那些引人入胜的湖中岛、水中景，以及沿岸因用地受限而建的两千多米临水栈道，形成了水陆兼有的不同步行体验。为了符合整体的传统风貌特色，还融入了古典折桥及西湖古典元素，并运用了传统造园中借景、点景、障景等手法，巧妙布置了水上亭廊、观鱼平台等，沿路的栏杆、灯具、标识系统等设施均具古典韵味，使步道也成为西湖古典园林中的一道风景线。

（3）水墨西湖，朝夕兼行

环湖步道沿线以"西湖水墨画"为主题意境布设夜景灯光，通过"青绿山水"的色彩和手法，烘托出水墨画一般的独特景致，成为福州市的夜色名片之一。由于福州地处南亚热带，气候炎热潮湿，位于市中心的西湖环湖步道是市民纳凉消暑最密集的绿道之一，早晚更是市民休闲健步的最佳时间。步道沿线的夜景不仅点靓西湖，更让西湖环湖步道成为夕阳西下后最引人的热点（图3-3-86）。

图3-3-85　环湖步道将大梦山纳入西湖（来源：程兴 摄）

（a）夜游环湖步道

（b）水墨西湖夜景

图3-3-86　夜景点靓西湖（来源：王文奎 摄）

（4）技术革新，装配高效

作为古典园林和市中心的历史名园，一草一木皆需精心呵护，更不宜大兴土木。步道建设犹如细针绣花，要做到对环境、景观和既有使用场景的干扰最小化。如西湖东岸水面栈道摒弃原木结构，升级为经久耐用的钢木结合结构形式，采用先进的预制模块化和装配式工艺，减少现场作业，提高了施工效率，降低了对公园和市民游园的影响。栈道沿线，还采用装配式生态浮岛，不但可以花化美化西湖，同时还可以吸附水里的氮、磷等物质，起到净化水质的作用。

5. 建设成效

西湖环湖步道的建设积极响应了百姓的需求，深受百姓喜爱。它不仅扩大了西湖景区范围，添加了新景点，丰富了游览空间，还让水岸环境更加优美，提高了城市的文化品位。据统计，西湖环湖步道是目前福州市游人量最高的步道，不负其处市中心的区位优势，更得益于步道建设以人为本、老幼皆宜、特色鲜明、风景优美、文脉传承等的匠心。其夜景工程获得由中国照明学会举办的第十三届"中照照明奖"一等奖。栈道建成开放后被百姓称赞为福州"最美环湖栈道"。

八、旗山湖环湖步道——串起大学城的共享山水大观

旗山湖公园位于福州地区大学城的核心区，毗邻福州高新区海西园。2019年全面启动建设，2021年年底基本建成。公园总面积约125公顷，其中水域面积约65公顷，景观面积约60公顷。水域面积超过福州西湖，成为福州"第一大人工湖"，兼具滞洪防涝与景观休闲功能，分别联通了溪源江与轮船港，并直通乌龙江（图3-3-87）。通过城市设计层面的优化，旗山湖不仅成为重要的绿色生态基础设施，提高了城市安全韧性，还是大学城的中心共享区，依山（旗山）达江（乌龙江）成为整个大学城蓝绿生态网络的核心，环湖腹地还规划建设了大学城重要的公共文化和服务设施。旗山湖环湖步道也是整个大学城绿道网络的核心，不仅连接着所有河网的滨水绿道，而且用慢行道串联起了大学城的重要公共设施，并辐射进各个校区。漫步旗山湖环湖步道，不但能沿路近赏鸟语花香、鱼翔浅底，还能充分体验大学城核心区的湖光山色和山水城市之大观。

1. 场地概况

场地位于旗山脚下，与福建理工大学、福建师范大学、大学生体育中心等毗邻，属闽江冲积平原地貌，地势平坦，河网水系发达，但易受内涝影响。原始场地为典型的城中村，有几处保存较好的木结构民居、祠堂和教堂，但大部分民居和厂房比较简陋。场地内散落着以荔枝、龙眼、芒果等为主的果树和一定数量的榕树，以及一些耕作的农田。旗山的径流由溪

图3-3-87　大学城中心共享区和旗山湖鸟瞰（来源：廖晶毅 摄）

源江汇集、流经于此，溪流可终年提供补水，水质总体较好。场地周围交通要素齐全，紧邻地铁2号线师大站，并通过2号线衔接起旗山和鼓山，促成了福州的"旗鼓相连"。西客站是福州对外客运交通的一级集散地，福州西高速则是城市外围重要的交通门户。

2000年前后福建省开始建设大学城，当时就规划了兼具滞洪防涝和城市绿色开放空间的旗山湖，并明确以湖体为核心打造大学城的中心共享区。在此后近20年的建设过程中，因各种客观因素，项目迟迟未能开工，虽保留湖体的建设用地，但周围作为共享区的一些公共文化体育等设施却逐渐被高校和安置住宅所替换，尤其是在湖体与旗山之间的重要视廊空间规划了以高层住宅为主的安置区，阻断了山水呼应的格局，"湖山分隔、共享难显"。

2. 目标要求

福州地区大学城建设已近20年，9所省属高校和4所市属院校已建成，在校生约15万人。福州高新区海西园也不断蓬勃发展，中科院海西研究院、星网锐捷、福汽集团等大型研发机构等入驻，片区发展已趋于成熟，并将推动建设融大学城和高新区于一体的"中国东南（福建）科学城"。旗山湖及其环湖共享区将是未来科学城重要的核心地带。

通过城市设计和上位规划的优化调整，回归大学城中心共享区的初心目标，凸显旗山湖蓝绿生态核心的地位，发挥绿色生态基础设施的基本功能，突出共建、共享、共创特色，打造"一湖双厅"，即"大学城的客厅、旗山的门厅"。旗山湖不但将成为科学城集文、体、商、旅等多功能于一体的绿色开放活力空间，还能提供人才聚集、科创产业交流转化的共享开放空间，更是吸引院士等高端人才齐聚的高品质场所。在上述目标的引导下，优化城市空间布局，保护山水视廊，优化环湖城市功能布局，回归共享开放的初衷（图3-3-88）。同时结合旗山湖建设，科学合理布置环湖步道，不仅能体验到"湖山相映、城湖相融"的山水大观，更能串联溪源江、轮船港沿岸等外围绿道网络，打造通过慢行系统连接共享区未来公共资源的滨水步道。

3. 设计概要

旗山湖公园规划面积约125公顷，陆地面积约60公顷，水域面积约65公顷（图3-3-89）。环湖步道主线全长约10千米，环湖设置的6米宽主园路，由2米慢步道和4米跑步骑行道组成。步道黄海零点为2.52～7.12米之间，高于湖面常水位1.5～3米，且涝水位线距离

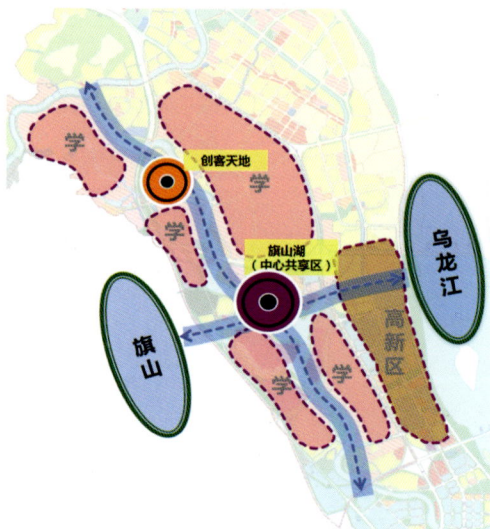

图3-3-88　大学城中心共享区规划结构（来源：郑锴 绘）

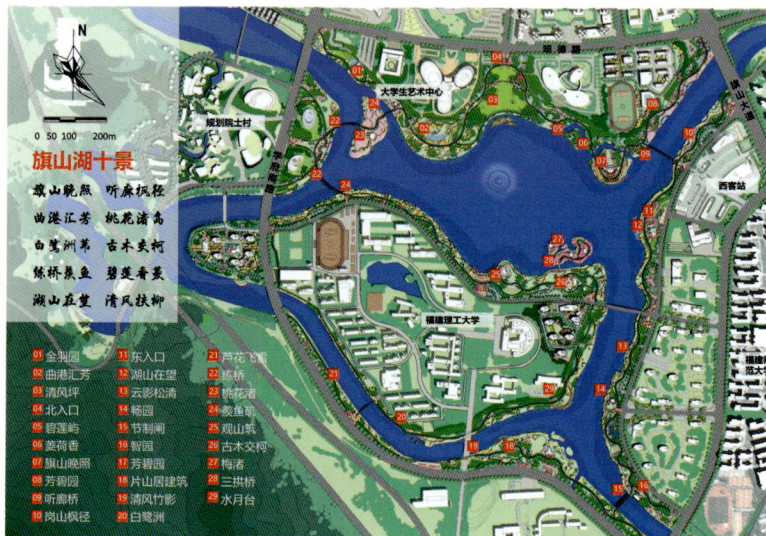

图3-3-89　旗山湖公园总平面（来源：郑锴 绘）

图3-3-90　环湖福道，可骑可跑可走（来源：王文奎 摄）

图3-3-91　旗山湖环湖慢行系统（来源：郑锴 绘）

水岸10米以上，形成了临湖侧的自然缓坡，既能提供良好的观湖视线，又能保证安全性。主线与以溪源江、轮船港为主的大学城绿道系统对接，可跑可走的同时还兼具休闲自行车骑行和电瓶车游览的功能，实现了三线贯通的游览体系（图3-3-90、图3-3-91）。步道平面随地形时而聚拢时而分叉，途经8座造型各异的景观桥。园内充分结合景点布置了服务设施、休息点等配套设施。视线上注重山水呼应和湖面的视线通廊，路移景异、路随景异。环湖不同的立地条件和城市功能定位，形成了风格各异的特色水岸，被步道一一串联了起来（图3-3-92、图3-3-93）。

北岸为共享休闲区，与大学生艺术中心、体育中心、规划的省美术馆和商务中心交融共

图3-3-92　南岸与福建理工大学相融合呼应（来源：廖晶毅 摄）

享，体现了青春洋溢、充满阳光的风景特色。超过2万平方米绿色草坪给不同规模的文化艺术活动提供了富有弹性的使用空间和可能性，并与大学城文体设施呼应共享。

南岸临福建理工大学的湖岸带，水岸蜿蜒，绿树成林，芳草铺地，精心且巧妙保留的古树和古厝，营造出了"湖中有岛，岛中有湖"的独特景致和乡愁去处，并与望山观湖的地景式服务建筑"观山筑"相邻，有若穿越时空。

西岸为湖山交界处，沿山规划了依山傍水的闽都院士村，以岛屿、丛林和湿地营造出典型的生态水岸，保留的龙眼荔枝和教堂留下了村落的记忆，一岛双桥如练如虹，让步道串联起湖山和未来大学城的核心智库。

东岸虽临市政路，水岸腹地较少，但却是西望湖山的最佳观景点，也是最靠近居住组团的滨水地带。该区段在重要节点布置了服务市民的景观建筑，如"湖山在望"，沿路则设置了更多的儿童游憩场地和多类型体育健身设施等。

4. 特色亮点

（1）一路可见山水大观

通过优化城市设计，重新梳理了旗山湖周边的城市格局。在环湖步道沿线保留和彰显了"山—水—城"的重要视线关系。通过巧妙地组织水体空间，在保障行洪滞洪的前提下，形成开合有序、大小各异的水面，湖中有岛，岛中有溪，广可湖山相映水烟缥缈，小可曲桥流水古厝老

图3-3-93 东岸与周边居住等城市功能相适应（来源：廖晶毅 摄）　　　图3-3-94 环湖福道，处处皆可见山水大观（来源：廖晶毅 摄）

树。临水一侧更留出重要的通视条件和驻足点，实现了一路滨水一路可见山水大观（图3-3-94）。

（2）一路彰显生态水系

旗山湖遵循《福建省万里安全生态水系》的理念，自然蜿蜒的岸线，有深潭、有浅滩、有安全生态的防洪设施、有沙洲水草、有野趣乡愁还有会呼吸的水岸等。路边水岸线是本项目的重点，按照近自然的方式，根据场地、流速、水深等不同条件采取不同的缓坡入水方式，同时种植多类型的耐水湿植物，既达到稳定驳岸的目的，也成为滞洪期的调蓄空间。步

图3-3-95　生态水岸，成为滞洪期的调蓄空间（来源：王文奎 摄）

图3-3-96　步行桥梁成为湖山之间的景观和观景点（来源：廖晶毅、王文奎 摄）

道沿线保留的榕树、龙眼、荔枝等大树留存着村庄的记忆。路侧水岸，更是强调将湖体"亮"出来，点缀的树木或疏影横斜，或挺拔高耸，多成为水岸的取景焦点（图3-3-95）。

（3）一路时尚活力多元

旗山湖不仅有乡愁，更要体现福州大学城新校区时尚、科技、活力的绿色共享空间特色。弹性多元化的山水空间布局，给予了举办龙舟赛、音乐节、毕业季等各类型大学生活动的场所，提供了无限丰富的年轻人乐活空间。沿路的8座特色景观桥梁，以及驿站、公厕、休闲、旅游服务配套设施等，也都通过对外观、尺度、功能的提炼，体现了大学城时尚、科技、活力的特色，与保留的古厝古今对话、穿越时空、多元融合（图3-3-96、图3-3-97）。

（4）一路留下乡愁满满

三个自然村的搬迁成就了重要的绿色生态基础设施，但巧妙的设计，使路边、湖边和岛上留下了一些重要的古厝、古树、乡间河道、教堂、庙宇等，在某种

图3-3-97　福道边的服务建筑也成为风景（来源：廖晶毅、王文奎 摄）

意义上，它们是沉淀多年的乡村文化实体印记。本项目的旗山湖古厝保留修缮，突出了活化利用，保留的主体建筑结构与装饰艺术构件，既有建筑修缮初建的风格，又有后期过渡的表现形式；既对古建筑表达出充分的尊重与保护，又巧妙保证了当代生活的功能性与舒适性。寓保于用，贯彻让老建筑"活"起来的理念，赋予了服务游客、餐饮娱乐等功能（图3-3-98）。

图3-3-98　沿路保留和迁建的古厝、古树及教堂，留下乡愁的记忆（来源：廖晶毅 摄）

（5）一路串联共建共享

旗山湖的建成，极大地提升了中心共享区的环境品质和区位价值。以湖为核心规划建设的闽都院士村及相关公共文化、商业、科创等综合体，如湖体北部打造商务艺术综合服务组团，有高端酒店、博物馆、大学城艺术中心、体育中心等配套；东部打造以地铁站和客运站为主的TOD组团；西部重点建设院士村组团和相关科创、文旅等设施。环湖绿道实现一路的整体串联，在步行山水间，实现共建共享的初衷（图3-3-99）。

5. 建设成效

随着旗山湖及环湖步道的建成，实现了"水清岸绿、山水相连"的独特景观，打通了以溪源江、轮船港为主的大学城蓝绿空间体系和绿道网络。其中心共享区正成为大学城乃至福州市的又一个生态绿芯和活力中心。目前已成为大型的水上运动及各种文体团建活动的重要基地，举办了规模盛大的草莓音乐节、福建省大学生龙舟锦标赛、定向越野赛等，成为众多网红的打卡摄影圣地。正在兴建的闽都院士村、福建省美术馆、名人馆都将成为福州市的新地标，不断提升旗山湖和环湖步道的品质和活力。

图3-3-99　大学城文化艺术中心与旗山湖共建共享（来源：廖晶毅 摄）

第四章

街巷福道

因"都"之悠远
塑"道"之古韵
三坊七巷（来源：石磊磊 摄）

第一节　街巷福道总体建设要求

福州，自西汉（公元前202年）建冶城始，已有2200多年建城史，城市不断扩大，逐步往南发展，福州传统街巷的发展与城市变迁紧密相连，是福州古城空间格局特色中不可或缺的一大要素。汉冶城、晋子城、唐罗城、梁夹城、宋外城，到了明清时期府城基本成型。城市的中轴线辅以干道，通往各个城门，几条南北向道路得以强化，形成次级轴线：北门大街（今北大路）连接南后街，从北门通至天皇岭后城门；东面井楼门大街（今井大路）自井楼门始，连接仙塔街、津门路至古通津门。这个时期由于船运和商贸的兴起，逐渐形成北城南市的城市格局，商贸街市向水系靠拢，凭水而立，建设了连接城内与城外河口、南台一带的路网系统，上下杭历史街区等随之逐渐成形。

开埠后至民国时期，在商贸活动的强大动力下，台江地区的路网进一步加密，仓山地区街巷网络也逐步形成并完善，同时与古城之间的联系也在不断加强，南北向发展轴线愈发稳定、清晰。

总体而言，福州历史文化名城的传统街巷格局传承自汉唐、清晰于宋、完善于明清、至民国而稳定，形成了三坊七巷、鼓楼北、南街东、东西门外、上下杭、老仓山等几个较为典型的片区（图4-1-1）。其中，三坊七巷为唐宋里坊制代表，规整严谨，礼制有序，街巷界面则较封闭；鼓楼北片区历史上多衙署，街巷多呈南北向，且狭小曲折；南街东片区宋代、清代均有军营驻扎，街巷密度低，布局较为凌乱；东西门外片区的街巷格局多以门外大街为主干，呈鱼骨状；上下杭片区体现了水退城进的城市演变历程，形成以上杭路、下杭路等东西向道路与中亭街、隆平路等南北向道路构成的长格栅骨架形态，

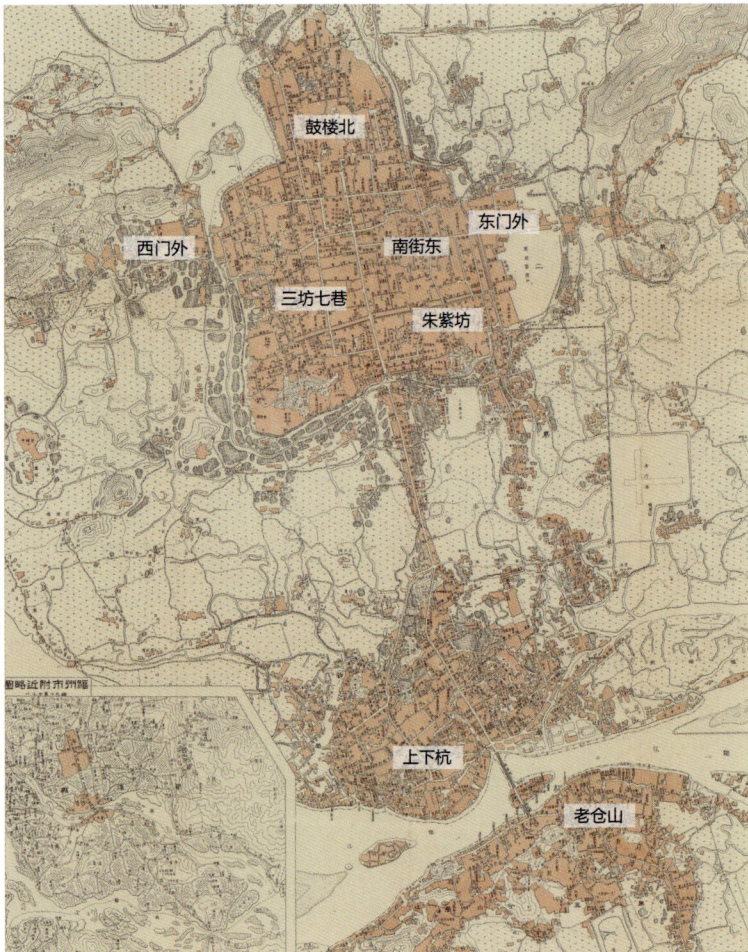

图4-1-1　福州古城主要街巷分布片区示意（来源：底图来源于福建省图书馆藏1941年《福州市街图》）

辅以南北向次级巷弄的总体格局，且主要街巷与航运水系平行；老仓山片区的街巷网络形成于开埠之后，受临江山丘地形地貌和闽江水运码头的影响，街巷布局较为自由，展现出明显的依山就势、自然有机并与水运码头关联紧密的格局形态。

文化遗产是城市的文化基因，是城市的发展记忆，而街巷则是历史文化发展延续的重要载体，是一座城市历史变迁的见证，代表了一定时期城市发展的高度。福州在2200多年历史发展过程中，从古代至近代，遗存有丰富的建筑遗产，以1937年福州街巷地图为依据，结合典籍、文献、访谈与现存街巷网络相对照，可梳理出至少200多条传统老街巷。这些传统街巷是城市历史路网骨架的脉络肌理，是城市历史文化遗产的核心组成，因而也是福州历史文化名城保护工作的重中之重（图4-1-2）。

图4-1-2　传统街巷成为福州历史文化名城的名片（来源：王文奎 摄）

福州在历史文化名城保护工作中，将街巷塑造成最具乡愁韵味的福道慢行系统。与山道和水道不同，街巷福道依存于各大片区的历史文化环境之中，而非大尺度自然景观环境，因此它的建设必须遵循街区的整体保护要求，不宜刻意标新立异，不宜违背历史沿革，不宜破坏原有交通脉络，不宜突兀场所景观风貌。街巷福道的另一个特点是，作为步行为主的载体，这些街巷本身就是线性空间，并依旧承担交通功能，这就要求街巷福道在建设过程中，必须充分协调街巷所在区域的现状综合交通体系，并遵循肌理特征，使老街巷与新福道合二为一。

此外，作为不同时代的产物，古今城市街道在材料、形态、功能上的差异是巨大的，且随着科技的发展和新材料新理念的出现，街道的设计也变得越来越多元化。然而传统老街巷不仅是物质的载体，它还是千百年来人们生活的场所和舞台，承载着人们的乡愁记忆，是古城整体格局完整性的重要构成，是历史文化名城保护的重要组成部分，在当今推进开展城市更新的时期也还具有更重要的实际意义。

最后，城市是人们生活的场所，如果把城市视作一个肌体，那么街巷无疑就是它的血脉。传统街巷形成的巷道也是福州城市慢道系统中的毛细血管，是最贴近老城区百姓家门口的步行空间。因此，如何通过巷道贯通组网，保持老城市井的文化内涵和生活气息也是重要课题。

第二节　街巷福道建设策略

一、遵循历史沿革的街巷空间重塑策略

街巷福道建设须遵循城市历史环境的演变进程，依托当前道路网络实际情况，既要体现自身个性特征，更要强化街巷空间的整体价值，服从片区风貌的总体把控要求。结合福道所处地段的历史文化环境，不间断、小规模地持续更新与改造，最大限度地保存历史城区的历史人文环境和整体片区风貌特色与肌理。注重保护和修复片区历史的空间肌理，恢复并优化街巷的空间尺度与历史氛围（图4-2-1）；注重与外部城市元素的串联，使巷道能够真正起到联系城市设施和各类城市空间的作用；注重对街巷肌理的修补和空间形态的重塑，修复遭不同程度破坏的坊巷制式，进而构建起片区街巷的网络骨架，梳理重建等级分明、严谨有序、格局完整的街巷福道网络系统。

二、秉承传统的巷道风貌重塑策略

受技术工艺趋同影响，现代城市建设趋于同工同面，可识别性不佳，而城市中保留下来

图4-2-1　北院巷的空间尺度（来源：王文奎 摄）

的传统街巷则传承了一定的地域风貌和时代特征，因而往往各具特色，风貌各异。如鼓楼片区是以明清建筑风格为主的街巷风貌，台江片区多呈现近现代中西交融的街巷风貌，仓山片区则突出体现了近现代中西混搭、万国建筑荟萃的街巷风貌。街巷福道的建设必须以整体街巷风貌景观的重塑为指导，结合人文历史和典故，甚至是民俗和传说神话等，充分挖掘其固有特色，保护街巷一切有价值的、能反映一定历史阶段风貌的要素，通过设计手法的梳理强化，归纳总结自身特有的风貌特征，作为街巷建设的设计基础（图4-2-2）。

鼓楼片区

仓山片区

台江片区

图4-2-2　秉承传统的巷道景观重塑策略模式

三、人本活力的街巷场景重塑策略

街巷福道建设的一大任务是如何恢复老街巷的烟火气，重新激发活力。在街巷福道的建设中，注重保留现有功能空间和已有文化遗存，挖掘传统历史文化元素，如古井、古树、古码头、古庙宇等；植入文化休闲空间，还可引入一定的城市功能空间，如社区服务中心等；创造集生活、休闲、商业等功能为一体的巷弄社区，重塑街巷活力。同时，结合巷道建设，对街巷的界面重新组合塑造，注重历史资源的保存和延续，保持街巷年代多样性；采用传统元素对沿街面进行设计，创造连续、多样并具有历史底蕴的建筑界面，创建以在地居民日常生活为本的街巷场景，保留老城烟火气息和历史韵味（图4-2-3）。

四、追忆古城的街巷绿化配置策略

传统街巷中的绿化种植应从文化、艺术、传承、建筑格局、院落制式、历史典故等层面展开研究，保护、挖掘、梳理和配置院落及街巷的植物景观，以恢复福州传统园林的植物造景意境，保护古树名木，发掘特有的名人轶事，如三坊七巷梅筛月影、紫藤书院、二梅书屋等，用于指导绿化补植和培育，以期形成浓郁的历史氛围。树种选择上以乡土树种为主，榕树、朴树、香樟是常用的遮阴大乔木，另有流苏、苹婆、桑树等中层乔木，以及福建山樱花、紫薇、桂花等小乔木。由于坊巷普遍较窄，大乔木运输难度较大，多采用瘦高型小胸径的乔木拼丛种植，以求快速形成效果。针对窄巷种植条件较差或地下管网复杂的情况，也可在院墙内部种植大冠幅乔木，院外形成绿荫的种植效果（图4-2-4）。利用高院墙等形成藤类植物的垂直绿化，亦能营造较好的绿植环境。

五、要素一体的街巷设施建设策略

街巷福道建设是一项系统工程，除了街巷建筑、巷道本体、绿化种植，各类相关配套设施，包括灯光照明、标识标牌、亭廊构筑、市政管线、店招广告等，都是对历史风貌具有重要影响的建设内容（图4-2-5）。应当坚持要素一体的指导思想，根据街

图4-2-3　保护古井，重塑南营巷的公共活力空间（来源：王文奎 摄）

巷特性，统筹设计各类设施的外观，可以结合地域特色和传统元素，进行创新设计，从细节处优化提升整体氛围，使得整体风貌与街景协调统一。同时局部又应鼓励个性化设计，避免千篇

图4-2-4　一树流苏出墙来，迎来游客无数（来源：石磊磊 摄）

（a）标识标牌　　　　　　（b）店招广告

（c）路牌　　　　　　（d）景墙廊架　　　　　　（e）灯光照明

图4-2-5　要素一体的街巷设施建设策略模式（来源：庄益、陈志良 摄）

一律，并在与整体景观风貌融合的基础上，形成区域个性特色的亮点。对风貌影响较大且难以景观化改造的电气设备等市政附属设施，应采用隐蔽式建设策略，如电力管线的明装，在多数木结构的历史建筑中，走线多采用立柱刻槽暗藏的方式，以满足要素一体的景观要求。同时，结合街巷整治，将社区重要的公共服务设施布置于街巷空间中，以显著提升社区的活力。

第三节　典型街巷福道实例

典型街巷福道实例位置示意如图4-3-1所示。

图例：
1. 三坊七巷
2. 上下杭
3. 烟台山
4. 中山路
5.1 七转弯巷
5.2 大根路
5.3 卧湖路元帅路
5.4 秘书巷

图4-3-1　典型街巷福道索引（来源：何苗苗 绘）

一、传统里坊制的巷道——三坊七巷

三坊七巷位于福州历史文化名城中轴线上，总面积约40公顷，是福州历史文化名城核心区"两山两塔两街区"的重要组成部分。其形成于唐末五代，至明清时达到鼎盛，整体格局以南后街为中轴线，呈西坊东巷，由北至南依次排列的"鱼骨状"里坊制形式。西侧"三坊"为衣锦坊、文儒坊、光禄坊，东侧"七巷"为杨桥巷（路）、郎官巷、塔巷、黄巷、安民巷、宫巷、吉庇巷（图4-3-2）。坊巷间和坊巷内又以支巷和更小的弄相联系，形成了"街—坊巷—支巷—弄"的街巷格局。经过千余年的历史变迁，依然完整地保留了原有的格局，被誉为"里坊制度的活化石"。现存基本完好的明清古建筑有300余座，是不可多得的"明清古建筑的博物馆"。历代从这里走出许多名人，尤以近现代最为集中，如林则徐、沈葆桢、严复等，有"一片三坊七巷，半部中国近现代史"之称。[①]

① 杨凡. 叙事——福州历史文化名城保护的集体记忆 [M]. 福州：福建美术出版社，2017.

　　巷道作为三坊七巷空间格局的骨架，也是三坊七巷最重要的特色之一。其本身就是延续千年的步道，作为经典的里坊制格局的街巷，如今成为福州城中独特且具有突出历史价值的慢行系统。从2006年12月福州市启动三坊七巷保护修复以来，保护和凸显了独特的"里坊制"格局和巷道慢行体系，形成了以下特点：

1. 恢复街巷的空间格局

　　里坊制的坊巷格局既是其慢行的路径，也是步行环境的最大特色（图4-3-3）。根据《福州市三坊七巷文化遗产保护规划》，南后街恢复步行主街，打通两侧整个街区的各个坊巷，对于已经成为城市街道的杨桥巷、吉庇巷和光禄坊，通过修复整饬和步行环境的提升，恢复整体坊巷风貌特点。而历史上的护城河安泰河，则作为独特的河坊一体空间，也成为整个街巷步行系统中的内河巷道，并以此与白马河等城市绿道相衔接（图4-3-4）。

❶ 林觉民冰心故居	⓭ 沈葆桢故居
❷ 严复故居	⓮ 泔液境
❸ 天后宫	⓯ 光禄吟台
❹ 国师苑	⓰ 陈承裘故居
❺ 王麒故居	⓱ 唐城宋街遗址
❻ 二梅书屋	⓲ 金斗桥
❼ 小黄楼	⓳ 光禄公园
❽ 水榭戏台	⓴ 则徐小学
❾ 欧阳氏花厅	㉑ 林则徐纪念馆
❿ 游客服务中心	㉒ 澳门桥
⓫ 新四军办事处旧址	㉓ 安泰桥
⓬ 林聪彝故居	

图4-3-2　三坊七巷街巷平面（来源：陈志良 绘）

2. 保护坊巷的空间尺度

遵循三坊七巷传统街巷的尺度和高宽比，维持街—坊巷—支巷—弄的不同空间特征和氛围。南后街作为主街，宽度9～11米，沿街商肆1～2层，高宽比小于1，形成熙熙攘攘的商业街。东西向的巷道宽2～6米不等，两侧巷墙高度4～5米，高宽比普遍大于1，最大可达3以上，形成狭窄的巷弄，从而维持了巷道的历史氛围（图4-3-5）。

3. 延续坊巷的风貌特色

街巷的"U"形空间形成了步行视角的整体风貌。遵循"修旧如旧"的原则，各个要素坚持了传统的材料、工艺和做法。通过多方的调查、发掘和考证，确定了路面铺地、坊门巷门、巷墙、建筑门窗等传统做法，保持了浓厚的历史韵味，尤其是马鞍形的墙脊、起

图4-3-3　传统坊巷格局（来源：王文奎 摄）

图4-3-4　河坊一体的安泰河边步道（来源：王文奎 摄）

（a）南后街　　　　　　　　　　　　　（b）文儒坊　　　　　（c）闽山巷

图4-3-5　不同的街巷尺度（来源：王文奎 摄）

伏延绵的封火墙，以及精美的墀头和门披，与狭窄的巷道一起构成了福州坊巷空间的独特风景。坊巷之中的花木也赓续着传统的种类，点状分布，尺度相宜，墙垣内外结合，不拘一格，讲究画意（图4-3-6）。

4. 营造坊巷中的公共空间

结合街区的保护修复和整饬，拆除一些零星的不协调建筑后，留作街巷边的小型公共空间，既不破坏巷道的连续性特征，又为步行空间提供了可以停留、休憩和交流的共享空间，如南后街边的国师苑和泔液境、文儒坊东头边的榕树下空间等（图4-3-7）。而结合安泰河河坊空间的营造，也形成了沿岸大小不一的开放空间，丰富了坊巷步行的体验。

（a）院墙内的香樟　　　　　　　（b）南后街的番石榴　　　　　　　（c）南后街的枫杨

图4-3-6　一些经典的植物

（a）文儒坊的小空间　　　　　　　　　　　（b）泔液境边小广场

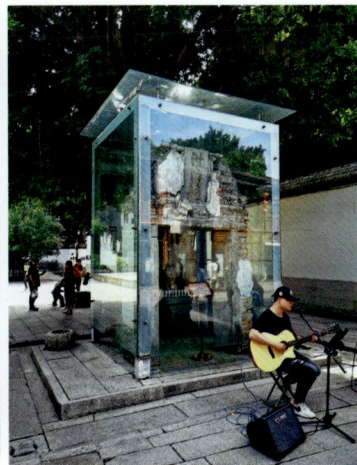

图4-3-7　街巷边的小公共空间（来源：王文奎 摄）

5. 作为历史文化景区的步道

三坊七巷保留了部分的社区功能，但也兼具了服务景区的重要功能。巷道既要保持其历史的风貌，又要达到无障碍、引导标识、夜景灯光和公共服务设施等的景区标准，如每一处的坊巷门（图4-3-8），就是最具历史感的标志。作为曾经以居住为主的历史街区，坊巷内低调宁静的灯光，与主街南后街形成鲜明的对比，一入坊巷门，犹如从繁华世界进入宁静安详的住家。即使是两侧的商业，也以静谧的文创、书屋、艺术馆等类为主，从而形成了三坊七巷独特的步行氛围（图4-3-9）。

图4-3-8　坊巷门（来源：王文奎 摄）

图4-3-9　南后街俯视（来源：石磊磊 摄）

时至今日，三坊七巷已经成为福州最知名的城市名片。2009年高票当选"中国十大历史文化名街"之首，2012年11月正式入选中国世界文化遗产预备名单，2015年成为国家5A级景区并荣获联合国教科文组织颁发的亚太地区文化遗产保护奖，其街区整体保护与整治和以坊巷为主的一系列设计获得了大量国家级的奖项。三坊七巷作为独特的里坊制巷道，不仅引得游客慕名而来，也更是福州百姓平日漫步休闲、领略古城记忆的好去处。

二、传统商贸街区中的巷道——上下杭

上下杭历史文化街区位于福州传统文化中轴线和中亭街的西侧，也是福州历史文化名城的重要组成部分。其东临三通路，西靠白马路，南至中平路与苍霞街区毗邻，北接学军路、延平路，面积约31.73公顷。自北宋元祐年间，大庙山南麓逐渐成为冲积平原的区域被称上下杭，街市开始初步形成，至明末清初成为闽北物产集散枢纽。此后街市迅速发展，成为福州乃至福建重要的商贸和金融中心，是闽商文化的重要发源地。

有别于三坊七巷典型的里坊制格局和官宦为主的居住人群，上下杭的空间格局更具有自发性，突出商贸的功能特征，在一个不大的范围内呈高度密集的依山傍水格局。街区北靠大庙山和彩气山两座小山丘，以龙岭顶相连，山南地势平缓并临三捷河，向南、向西、向东三个方向皆可通达闽江，形成极为便利的水运条件。且闽江潮水自东西汇入三捷河，于圣君殿前形成"汇潮"奇观，遂成商帮的聚财"福地"，故自古商贸繁荣。其街区街巷密集，自北向南形成了山地、平地和临水不同的特征，有主街串起的鱼骨状街区肌理，有与山水环境自然有机结合、蜿蜒纵横的巷弄（图4-3-10），还有商贸推动下杂糅着东西方多种风格的建筑特征。其间镶嵌着极具本地特色的古井、古桥、古树、神龛、门楼等各种历史环境要素，步

图4-3-10　上下杭的街巷空间格局和巷道平面（来源：陈志良 绘）

行其中可深入体验与三坊七巷不同的巷道特色。因此，上下杭历史街区的巷道保护和整饬既有与三坊七巷类似的方法，也有自己的特点。

1. 恢复独特的街巷空间格局

保护上下杭多种街巷肌理有机融合的空间格局，尤其是强化连山通河的街巷关系，精心组织临山滨水的巷道空间（图4-3-11），保护"曲直变化，凹凸有致"的街巷走势和收放节奏，并通过片区交通路网的优化重组，将城区车行交通线路绕开街区，恢复了上下杭安全舒适的整体步行环境。

图4-3-11　上下杭的三捷河（来源：石磊磊 摄）

2. 保护多样的街巷空间尺度

上下杭具有更丰富的街巷空间尺度变化，有宽约12米的主街，也有4~6米宽的上杭街，更有仅为1.5~2.0米宽的巷弄如汤房巷，高宽比从小于1到大于6兼有，尺度变化大，空间转折明显。尤其是弯弯曲曲的三捷河两岸建筑，或临水而筑，或退让出不同尺度的广场节点，形成生动多样的街区空间变化（图4-3-12）。

3. 保持多元的街巷风貌特色

恢复街巷石板路面，保护和传承原有空间的历史氛围与体验。曾经繁荣的商贸也形成了上下杭丰富的建筑风貌，不但有本地民居特色，各省的会馆又融入了其他省内外建筑的元素，一些规模较大的商行、银行等还融入了西式的建筑语言。在修复更新的过程中，也采用后现代的一些建筑手法，使得街巷的建筑风貌呈现出多时期多元文化高度融合的特点（图4-3-13）。

（a）上杭路　　　　　　　（b）下杭路

（c）汤房巷　　　　　　（d）三捷河两岸步道

图4-3-12　上下杭典型的巷道（来源：王文奎 摄）

4. 营造丰富的街巷公共空间

与典型的里坊制不同，临山滨水的地理位置和曲直不同的街巷布局，有利于形成丰富多样的公共空间。巷道不仅串联了龙岭顶等山地开放空间，沿线榕树下、转弯处等还形成了大小不等的节点。特别是三捷河两岸，因其蜿蜒曲折而与后退建筑之间形成了多处临水开放的场地，与古榕、古桥、古厝共同形成了丰富的公共空间（图4-3-14）。

5. 打造特色的步行游憩体验

基于上下杭丰富多样的街巷空间，作为商贸特色街区的多元包容性和开放性，引入丰富业态，配置网红设施，打造幻彩夜色，营造出丰富多彩的繁华街市和步行游览环境（图4-3-15）。这些措施，进一步与苍霞历史

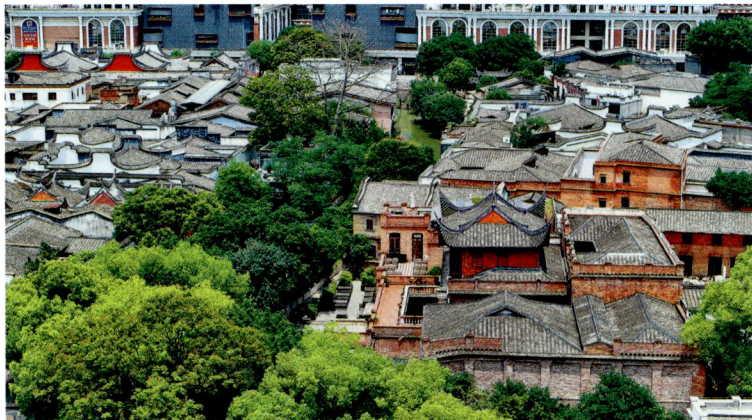
（a）三捷河两岸丰富多元的建筑风貌

（b）福州市商会

（c）建郡会馆

（d）德发京果行

（e）河边的传统木构建筑

图4-3-13　多样的街巷建筑风貌（来源：石磊磊、王文奎 摄）

文化街区、闽江滨江步道以及白马河滨水步道连接，形成了具有老台江鲜明特色的巷道步行街区。

由于上下杭融入山水的整体格局、丰富的街巷空间、多元的文化交融，兼具传统与时尚，成为福州最具人气的步行街区之一。曾获全国优秀工程勘察设计行业奖（建筑工程）一等奖。近几年的年游客量超500万人次，其中夜游人群占了较大比重。上下杭成功入选了文化和旅游部确定的第一批国家级夜间文化和旅游消费集聚区。不仅游客络绎不绝，上下杭还是周边市民步行休憩的好去处，宝贵的文化遗产，通过街巷步道走进了福州市民的日常生活中。

图4-3-14 街区入口的古桥（来源：王文奎 摄）

图4-3-15 夜色下的三捷河（来源：王文奎 摄）

三、近代中西合璧的山地巷道——烟台山

烟台山历史风貌区位于老仓山片区，是福州古城传统中轴线的南端，曾是福建省对外经济文化交流的重要窗口。鸦片战争之后，道光二十四年（1844年）福州作为五口通商的口

岸之一正式开埠，英国率先在这里设立领事馆，此后陆续有十七个国家开设领事馆，西方教会也纷纷建教堂、办学校、开医院，1920年以后华侨创办实业和进行房地产投资也成为主要建设活动之一。在近百年的时间里，出现了一批风格多样、造型美观的近代西式建筑，奠定了烟台山山地型历史文化街区的基本格局（图4-3-16、图4-3-17）。

　　如果说上下杭是小山水之间的街区，那么烟台山历史风貌区就是大山水之上的街区了。烟台山海拔约41米，北临闽江，古时登临山顶，即可见浩荡闽江东流，古城三山和鼓山莲花山尽在眼前。烟台山的山地街巷呈现出枝干形的空间格局，依山而建，以仓前路、爱国路、乐群路、麦园路依次由北向南与梅坞路交汇形成骨干街道，并以龙峰里、忠烈路、亭下路、池后弄、天安里、佛寺巷和崇圣庵巷等山间梯道式街巷为脉络，串连打通了整个片区。烟台山的街巷呈现出有规律、分布广泛且融入山水格局的特点（图4-3-18）。通过持续十

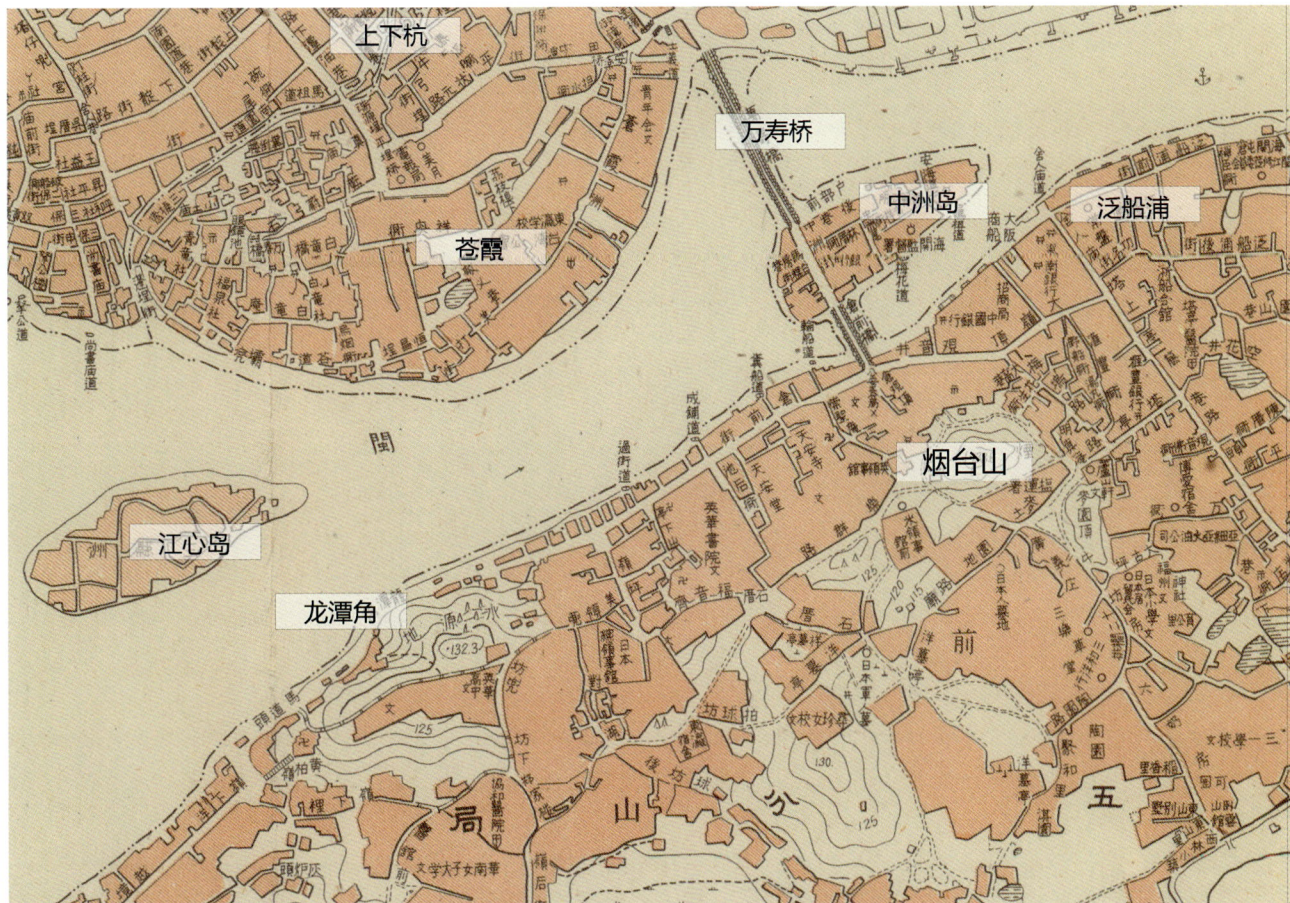

图4-3-16　民国时期的烟台山区位示意（来源：底图来源于福建省图书馆藏1941年《福州市街图》）

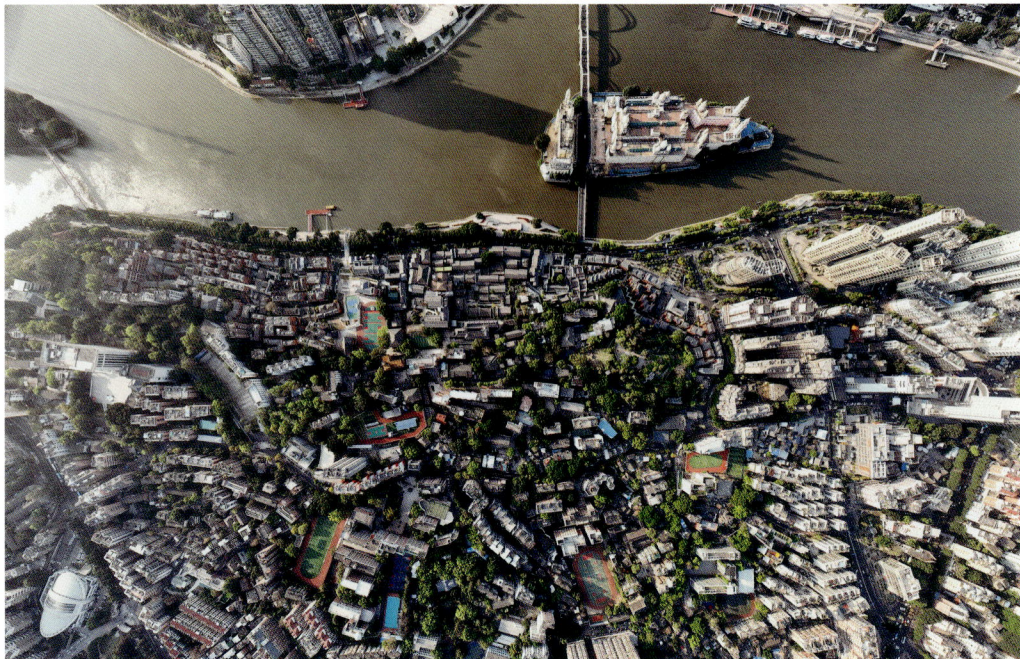

图4-3-17　烟台山现状俯视全景（来源：廖晶毅 摄）

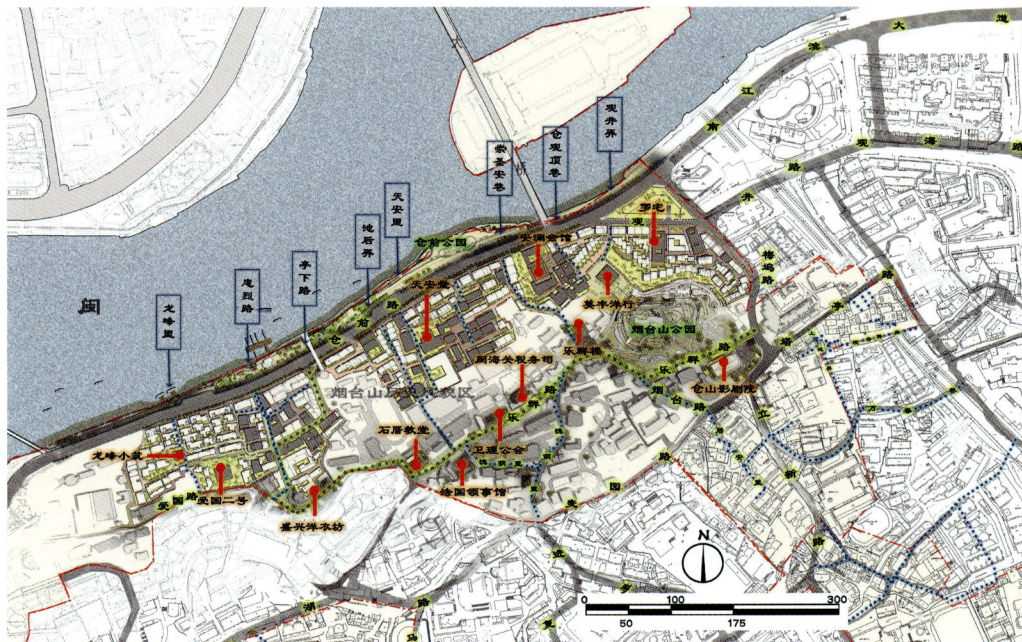

图4-3-18　烟台山历史风貌区街巷总体布局（来源：庄益 绘）

多年的保护修复和提升整治，形成了一批具有中西合璧风貌特色的山地街巷步道，其主要策略和途径如下：

1. 整理片区路网，重构慢行街区

乐群路、槐荫里、爱国路、亭下路作为烟台山风貌核心区交通主线，链接街区与外部市政道路，并作为山地街巷的无障碍通道。其他如枝网般的山地步行街巷则形成了较高密度的慢行微循环系统，丰富了步行游览路线，也利于疏解山地街区的人流。依托周边地块的开发和导通梳理，增加风貌区边缘的地下停车场，发展地面立体停车，依托智慧交通管理和局部路段限时单向行驶等措施，减少车辆进入，改善整个山地街区的慢行环境。最后在亭下路经由福高天桥实现烟台山与闽江的步行联通（图4-3-19）。

2. 强化街巷风貌，凸显山地特色

烟台山街巷根据不同尺度形成了"路—里—巷"的不同空间特征（图4-3-20）。乐群路等主要游览干道，宽7～13米，两侧毗邻通透式围墙或巷墙，形成了巷弄与开放空间有节

（a）乐群路　　　　　　　　　　　　　　　　（b）亭下路

（c）临江的山地巷弄　　　　　　　　　　　（d）福高天桥连接滨江步道

图4-3-19　烟台山的街巷和福高天桥（来源：王文奎、廖晶毅 摄）

奏交替的街道风貌。亭下路等作为主要商业街，宽9～10米，商铺前小平台随地形鳞次栉比，提供了丰富的游赏停留空间。槐荫里等步行巷弄通往民宅私邸，宽3～4米，巷墙高度4～5米，宽高比不足1，墙侧树根盘结，巷间树影斑驳，形成了浪漫静谧的历史巷弄。作为山地街巷，其最大特点是具有丰富的立体感，漫步其中，步移景异，或于巷口一览江山，或于途中一瞥万国建筑，或于街角一享公共花园。

3. 突出万国特色，打造时尚慢街

烟台山街巷沿途的挡墙、巷门、院墙，依山就势，展现出异彩纷呈的形态，既是街巷的构成要素，亦是区别于其他历史风貌街区的特色之一。通过多维的历史调查、提取历史建筑材料和肌理，复刻了历史上烟台山别具万国建筑特色的街巷风貌。以慢行交通的视角，复原历史街巷与各类建筑院落的衔接，通透或半通透的巷墙也使万国和本地的多元风貌建筑和各具格调的庭园景观清晰可见（图4-3-21）。通过梳理建筑前广场，使街巷自然过渡为灵活多功能的公共空间，如乐群楼前广场。利用中西合璧的时尚基因和创新突破的城市更新方法，依托历史建筑的活化利用、时尚IP的引入，打造时尚慢街，展现多元包容的"摩登秀"，为

图4-3-20　不同尺度感的山地街巷（来源：王文奎 摄）

（a）亭下路　　　　　　　　　　　　　　（b）乐群路

（c）石厝教堂　　　　　　　　　　　　　（d）乐群楼前广场

图4-3-21　多样的建筑风貌，丰富的街巷慢行空间（来源：王文奎 摄）

烟台山提供了其他风貌区不可复制的路径系统。

4. 街巷立体花化，成就花漾街区

通过多维多策的绿化景观提升，提炼该街区的文化底蕴和场地特点，打造烟台山中西合璧的植物风貌特色。在保护古榕大树的前提下，以"春楹、夏花、秋杏、冬梅"为花旦，以花艺为媒，全方位立体式妆点公园、巷道、挡墙、院子、窗口、天台，乃至于沿街大树的枝干，实现了"山上浓荫蔽日、巷间两路缤纷、街边整洁雅致、院内景致有别、窗前繁花似锦、天台皆是风景"花漾画卷（图4-3-22）。

持续十多年的不断保护修复和提升整治，使烟台山以其独特的山水格局，山地的街巷空间，多元的文化交融，深厚的历史底蕴和摩登的商业氛围，成为融合自然与人文的商业地标，成为福州市又一新名片。作为福州最网红的街区之一，曾获得福建省城市建设品质提升样板工程第一名。仓山烟台山历史文化风貌区还入围"中国华侨国际文化交流基地名单"，人民网评论称之为"活化"历史街区，用生动的方式留住了乡愁记忆。

图4-3-22　烟台山的花漾街区（来源：庄益 摄）

四、城市更新模式下的老城巷道——中山路及周边老街巷

　　除了三坊七巷、上下杭、烟台山等历史文化街区或风貌区的街巷，古城内还有大量的老街巷，但是随着城市发展变化，很多已经融入到了整个路网系统中，或拓宽，或改道，或消失，沿街的风貌也和现代化的城市一样，趋于同质化，原有特征逐渐磨灭。但是还有一些老城区，维持着原有街巷的格局和尺度，依旧是居民每日烟火生活的必经之路，在靓丽、整洁、宽敞的城市中，显得拥挤、杂乱、破败。然而这些老街巷却是最能细细品味一个城市"地气"和乡愁的地方，一个看似不起眼的巷名，可能藏着千百年的历史故事。在如今城市更新的理念和模式下，这些老街区老街巷得到了复兴和活化的机会，甚至能成为感受城市最本质生活的慢行空间。

　　中山路及周边，是福州市老城中心区老街巷保留最为密集的区域，有丽文坊、能补天巷、城直街、城隍街、云步山巷、北院巷、赛月亭巷、左营司巷等。片区内还有福州冶山历史文化风貌区，面积约13.21公顷，是福州历史文化名城的重要构成元素和古城风貌的核心组成部分，坐拥众多历史文物，文化丰富，底蕴深厚，如中山纪念堂、唐代马球场遗址、林则徐出生地和近代海军元老萨镇冰的晚年居所——仁寿堂等。同时，这个片区还有大量的居住区、学校、机关单位等，是一处有着现代生活、学习和工作基本功能的典型老城中心区（图4-3-23）。

图4-3-23　中山路及周边的街巷空间格局（来源：陈志良 绘）

　　该片区街巷步道的改造更新，是在冶山历史文化风貌区保护和鼓楼区老街巷整治的背景下推动起来的。是老城中心区在城市更新工作中，传统街巷保护和整治的集中连片示范地。主要策略和方法有：

1. 整饬格局，打通路网

　　梳理原有的路网格局，既要满足当代城市的功能要求，又要彰显古城特点。中山路及其周边巷道路网密集纵横交错，原状受违章搭盖及历史原因影响，多数巷道呈断头路。规划将街巷路网打通串联，对部分处于街口不协调的建构筑物进行征迁，打造街巷中的公共服务和开敞空间（图4-3-24），如：调整中山路中山堂为步行广场，将城直街的北延伸线恢复成传统街巷，使城隍街与东侧能补天巷连接，将能补天巷向北延伸连接冶山路，打通

（a）打通街巷展现冶山古迹

（b）城直街

（c）丽文坊

（d）能补天巷

图4-3-24　打通街巷慢行路网（来源：王文奎 摄）

丽文坊，连接中山路及能补天巷等等，形成较为便捷和系统的街巷网络。

2. 尺度控制，功能兼顾

老城区街巷尺度控制必须兼顾功能需求。中山路作为片区的生活性支路，在满足双向两车道的前提下，还要保证完整通畅的人行道。其余大部分街巷的尺度控制在3～7米，以连续巷墙和建筑山墙面作为界面，维持古城街巷的尺度特征，既能以步行为主，也能兼顾地块内车辆的可达性。而以北院巷为代表的街巷宽仅有2～4米，高宽比接近1，是典型的步行巷道（图4-3-25）。

3. 点线结合，"走"入历史

以小街巷作为片区慢行路网的线性骨架，沿线地块的面上整治构成其慢行空间的风貌特色。而以冶城遗址、欧冶池、冶山、马球场遗址为核心的冶山春秋园（图4-3-26），以及林则徐出生地、中山纪念堂，或一座座坊门等作为慢行网络中的一个个节点，是该片区彰显古城变迁和历史信息的关键点，可在走街串巷的日常生活中阅读福州城的历史。

4. 风貌整合，时光留痕

该片区蕴含着从冶城建城直至当代的2200多年的历史信息，既有展示古迹遗址的公园，也有百姓每日油盐酱醋的烟火气和机关单位日常工作的氛围。虽有以中山堂民国建筑风格作为统筹街巷风貌的蓝本，但是沿路的冶山春秋园、城隍庙和林则徐出生地等，依旧能寻找到汉唐及之后各个时代的元素，街巷沿线不同功能的地块仍显示着不同年代建筑的风貌特征（图4-3-27）。

5. 结合更新，社区营造

作为城市更新的模式，街巷整治系统实施了缆线下地、管网完善、灯光亮化、城市家

（a）中山堂前的广场式步行空间

（b）可兼车行的能补天巷

（c）仅能人行的北院巷

图4-3-25　不同尺度的街巷（来源：王文奎 摄）

图4-3-26　中山路西侧的冶山春秋园东入口（来源：王文奎 摄）

图4-3-27　具有鲜明年代特色的街巷风貌（来源：王文奎 摄）

具更新等基础工程，同时通过"结构增绿、见缝插绿、见缝插花"，打造花漾街区，使周边居住办公环境得到质的改善。结合街巷建设"两中心两厅一平台"，即少儿活动中心、老人活动中心，居民议事厅、综合办事厅和社区信息平台等便民服务设施和模式（图4-3-28），用街巷串联起了社区生活服务的基本功能。

　　中山路及周边区域的提升改造，是福州市老城中心区街巷整治和慢行系统建设的典型案例。使该片区从拥挤杂乱的老城区，蜕变成具有深厚文化底蕴的高品质社区。这在城市更新的时代背景下，具有很强的现实和参考意义。不仅整体提升了老城区的人居环境品

图4-3-28　街巷中的社区居民议事厅（来源：王文奎 摄）

质，而且让走街串巷的步行又成为片区市民乐于接受的生活方式。该片区的更新曾获得一系列国家和省级优秀规划设计奖，是福建省花漾街区和精细化管理街区等的样板项目，让百姓可用步行来感受千年古城历史变迁。

五、其他典型街巷福道

上述巷道属于比较集中连片的类型，除此之外，城市中还"散落"着相当数量的传统老街巷，也是深入福州人日常生活的以慢行为主的交通空间，可能这些街巷是其所在片区中最有"虾油味"的步行空间。几年来，结合城市更新，打造了大大小小200多条各具特色的传统老街巷，形成了城市重要的毛细管级慢行空间，也是福州"福道"系统的重要组成部分。

1. 七转弯巷

七转弯巷为原福州丁戌山山路，位于大觉禅寺南侧，巷道窄小破旧，全长约230米，宽3~6米。七转弯巷形如其名，巷道路窄难行，巷子东起仙塔街，西至南营巷，因巷道内有七个大转弯口而得名。巷子总体较窄，局部仅能容3人侧身而过，曲折婉转，如同行于迷宫间。20世纪90年代旧城改造修建了南营巷和碧玉花园，七转弯巷被拦腰截断，仅保留了原来二分之一的路段，七转弯也仅留下三道弯。

七转弯巷通过恢复路面条石板，增设坊巷门，粉刷墙体，搭配古朴素雅的屋檐，仍旧保持蜿蜒曲折的风雅。在旧墙体的基础上增加了山墙面，通过绿化和山墙的穿插，强化巷道的转折味道。在平面布局上重点强调7个呈90度的巷墙转角，让"七转弯巷"名副其实，使游客领略原汁原味的巷道风貌。另外通过布置社区服务中心，让步行的街巷成为社区的公共服务空间（图4-3-29）。

整饬改造后，虽然几经变迁，巷子仍延续着弯曲的韵味。巷子一侧，阳光穿过树叶形成斑驳的倒影，另一侧的大觉禅寺则呈现出肃穆清幽、静谧安详的气场。清风过处，行人三三两两而过，呈现出一幅市井悠然的画面，让这一片福州中心老城区别有一番韵味。

2. 大根路

大根路位于鼓楼区大根社区，北起东大路，南接津泰路，城守前路与之相交，街道全长约450米。大根社区所在地是当年旗兵驻扎与旗人生活之地，为防止汉人进入，筑起两层

图4-3-29　七转弯巷（来源：王文奎 摄）

楼高的围墙，百姓路过只能贴墙根而走，墙外之路俗称"长墙弄"，也称"大墙根"，大根路因此得名。虽然街巷基本延续了原有方位和走势，但两侧建筑质量参差不齐、新旧混杂、私搭乱建、立面杂乱、停车混乱，街巷特色丧失殆尽。

大根路的保护整治明确了街巷集慢行、休憩、展示于一体的复合功能，力求在保持传统居住街区氛围的前提下展示街巷特色。一是强化入口节点识别性，北入口新建城门样式的坊门，讲述了大墙根曾为兵营的历史，南侧津泰路入口节点拆除旧展栏，改做街头公园，通过凉亭、旧砖瓦矮墙、浮雕等营造出公共休憩空间，也讲述了大墙根的历史脉络；二是重点整治巷墙和沿街建筑风貌，保存有价值的老建筑，在清理整修危墙的基础上，维持传统墙体形态，新增瓦花、竹节窗等镂空元素，加强空间渗透性，节点处设置历史故事的浮雕景墙，突出大墙根的历史底蕴；三是适度整治交通，通过清理电杆箱柜违建重新梳理路面要素，维持小街巷尺度，提倡以步行、非机动车行驶为主要功能，并采取内部机动车单行管理方式。整治后的大根路，其小街巷不仅成为社区的慢行通道，更是讲述城市往事和历史的地方，同时也是高密度的中心城区社区难得的公共休憩空间（图4-3-30）。

3. 元帅路、卧湖路

元帅路、卧湖路是串联三坊七巷历史街区与西湖景区的南北交通纽带，全长约660米。卧湖路因"卧佛桥"而得名。元帅路因田都元帅庙得名，原为一通航河道，后被填平为路，称为元帅路。历史上这一带经济发达，商贾云集，人文荟萃，宫庙常演社戏，但也出现了拥挤、杂乱、环境恶化等老城区普遍困境。

为改善街区人居环境，增强历史街区和西湖公园的慢行联系，借城市更新的契机，从规划上降低道路等级，改为单向车行道，两侧拓宽为人行步行空间，在原本不宽的路面两侧用

图4-3-30　大根路（来源：王文奎 摄）

红色沥青划分出了慢行道。通过重点拆除违章搭盖，整治6米线下的建筑立面，整理缆线，规整街道市政设施，整体改善了街道环境。同时，重点复原了传统老街巷的历史印记。元帅路重点塑造"元帅路旁，梨园戏曲，市井生活"，展现戏曲文化的特色。卧湖路则因其更靠近西湖，偏向为"卧湖路上，阳春白雪，诗情画意"，侧重于营造绿色街区氛围。街巷的景观改造中融入福州传统古民居的特色，添加马鞍墙、青瓦屋檐、美人靠、连廊等景观设施，整条街道的风貌像是三坊七巷的延伸，安静地坐落在西湖公园与三坊七巷之间的喧闹市区中，成为区间支路改造为传统街巷的典型案例（图4-3-31）。

4. 秘书巷

在福州老城所有的街巷中，秘书横巷是最小最短的一条，全长仅约170米，宽3~5米不等，但却独具特色，小而精致。因宋代居此的陆蕴、陆藻兄弟官至秘书，称为秘书巷。秘书横巷与秘书巷十字相交，呈东西走向。

秘书巷片区在提升改造过程中，深入挖掘陆蕴、陆藻的人文典故及温泉文化，采用福州传统的建筑形式及工法技艺，塑造尺度宜人、富有传统韵味的街巷空间。提升改造工程包括拆除违章建筑、"6米线"下立面整治、缆化下地和清除杆体、增设路灯、增加入口标识和浮雕等小品、建设街头口袋公园、打造有声文化墙等。随时会倒的墙"变脸"了、缠成"蜘蛛网"的电线不见了、卡在路脖子上的违建清理了，同时利用街巷边角空间进行花化绿化，通过拆墙透绿、补植增绿等措施，让小巷变得安全、整洁、美观。连绵起伏的封火山墙勾画出老福州味的步行街巷空间，墙上设置书简等造型，融入陆蕴、陆藻的人文典故和闽都文化，植入有声读物6000余册，重拾历史，使一条"老旧破"的城市小巷变成富有闽都特色的慢行街巷（图4-3-32）。

图4-3-31　元帅路（来源：王文奎 摄）

图4-3-32　秘书巷（来源：王文奎 摄）

第五章

路侧福道

因"路"之串联
有"福"之绿荫
（来源：廖晶毅 摄）

第一节　路侧福道总体建设要求

　　纵横交错的城市道路构成了与水网相对应的一张城市交通网，道路两侧的带状绿地也编织起城市的另外一张绿网——道路绿网，它与道路一起，成为路侧福道建设的重要载体。

　　福州中心城区的单核圈层拓展模式，使道路网总体呈现了"环路+放射廊道+方格路网"状骨架形态。由八一七路、五四—五一路—则徐大道、六一路构成南北向路网主骨架，杨桥路—东大路—化工路、乌山路—古田路—福马路、工业路—国货路构成东西向路网主骨架；由福马路、金山大道、南台大道等13条对外联系通道形成放射状交通廊道；二环路和三环路则承担环城较长距离出行及出入城的交通组织。在福州城市绿地系统规划中，环状道路、放射状廊道及部分主干道外侧规划了路侧带状绿地，宽度10米～25米不等，这为路侧福道提供了基本空间。

　　路侧福道作为城市慢行系统中不可或缺的组成要素，由于其分布广、线路长的特点，建设过程中应当与山道、水道、巷道密切联系，协调车行交通，兼顾人行和自行车行的综合慢行功能需求，同时还要满足构建城市景观廊道的要求成为一道风景"线"。福州的很多道路依山临水，如六一路边的晋安河、白马路边的白马河、南北江滨路沿线的闽江滨江绿地、化工路边的晋安湖、东三环边的鼓山鼓岭、南二环边的高盖山等。路侧福道还应当特别注重依托山水城市的基底，注重山、水、城与人和文化在空间联系上的"连接"，是集慢行交通、健身休闲、游赏观景于一体，使人、车"行而有序、望而有景、驻而有乐"，打造展现福州山水城市和绿色宜居城市风貌的城市道路边的福道（图5-1-1）。

图5-1-1　路侧福道与公园与山、水相连（来源：廖晶毅 摄）

第二节　路侧福道的建设策略

一、完整街道策略

福州市的路侧福道建设往往与城市双修、城市更新、老旧社区改造、重要道路提升、街景整治等综合型项目相结合，并成为其中的关键部分之一。因此路侧福道建设，一方面坚持贯彻行人路权优先的理念，另一方面则将行经街道的整体高品质环境和高颜值风貌作为统一的建设目标，统筹考虑街道界面的一体化"U"形断面，以及与路侧山、水、绿之间的联系，突出福道在街道整体断面中的步行组织作用。具体设计上注重步行慢行空间的拓展、延伸和联系，不受项目红线、用地边界、专业类别等的拘束，在全空间的视角下协同完成断面上的功能整合与风貌塑造。

二、要素串联策略

依托于主次干道的路侧福道也是城市慢行系统中的重要组成部分，以此为纽带串联起沿线各类城市资源的景观空间，形成了与水网串珠有异曲同工之妙的路网串珠。两网叠加塑造了福州市布局均衡、形态优美、覆盖广泛的"绿岛链"雏形。将景观要素与开放的慢行交通系统相联系的做法，对公众更加公平友好，群众更有获得感和幸福感。因此，除了在完整界面下思考路侧福道的建设之外，路侧福道还应掌握沿线城市资源分布情况及特点，理清周边景观资源空间关系，坚持主动串联沿线蓝、绿、文、体、商等各类景观要素，相应配置各类服务设施，改善节点景观环境，并在不同分段的景观建设中以各自的资源禀赋主导主题各异的风景记忆画面，促进了一路一景的景观多样性塑造（图5-2-1）。

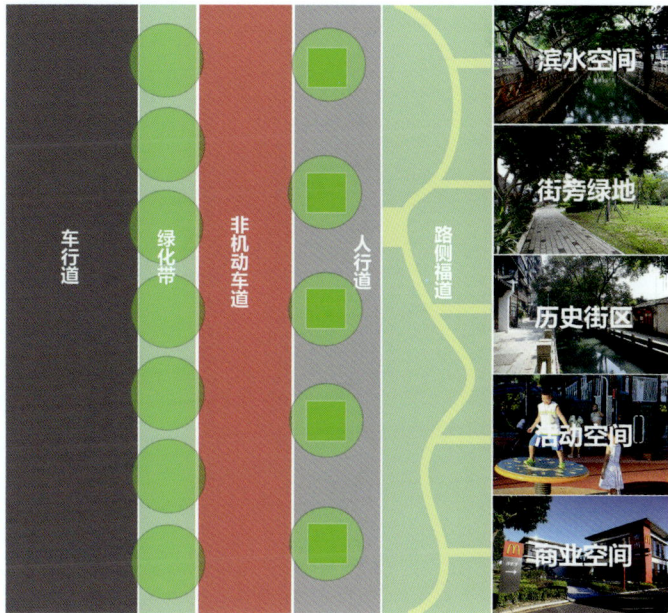

图5-2-1　要素串联策略模式（来源：何苗苗 绘）

三、空间并联策略

空间并联是对完整街道和要素串联的延伸，在串联成一个整体的空间环境中，坚持对兴趣点的全开放，坚持对联系线路的全贯通，使得目标空间达到并联互动的整体效果。在此过程中，还应最大程度将可利用的零碎空间发掘与整合，将清退出的空间进行合理分配再利用，以点串线，将原本的城市死角、灰空间蜕变成社区的活力人气聚集点。在建筑前空间、街头拐角处、防护绿带内尽可能整合腾挪出景观场所空间，甚至建设串珠或口袋公园，并以路侧福道将沿线场地串联激活，形成一个个有温度的社区节点。绿化空间同样应注重并联，街区内外的绿化环境应林带贯通，边侧绿带连续不断，不论车行或是人行视角，都能体验到"绿不断、路不断、景不断、设施不断"的城市通透空间，沿线处处可赏，处处可停，处处可活动。

第三节　典型路侧福道实例

典型路侧福道实例位置示意如图5-3-1所示。

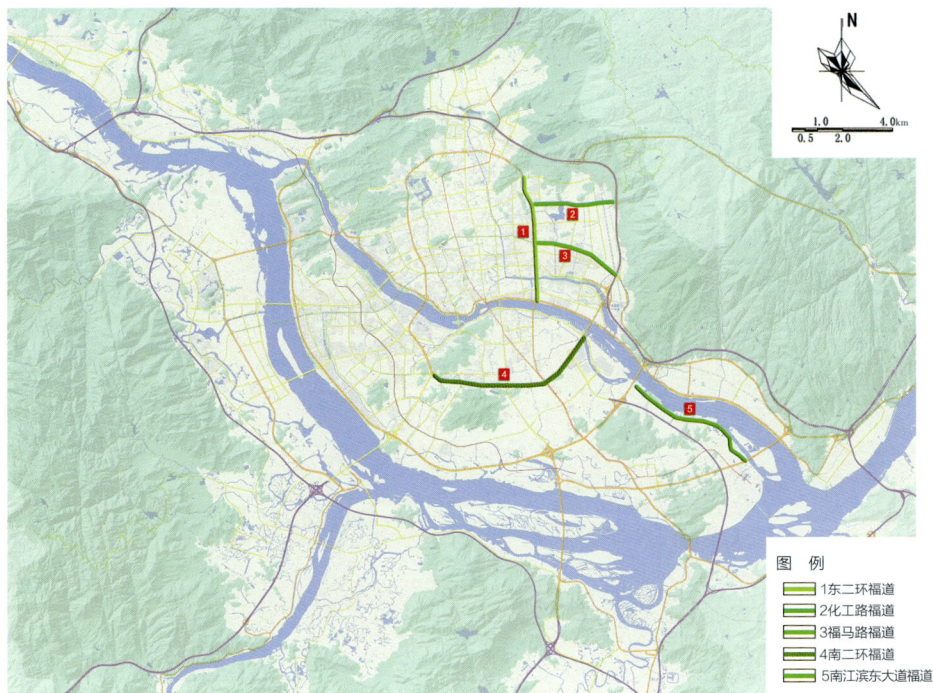

图5-3-1　典型路侧福道索引（来源：何苗苗 绘）

一、南二环——后坂路路侧绿道

南二环——后坂路是新城片区的快速环路主干道，位于福州市仓山区，全长约9.6千米，西起于尤溪洲大桥南桥头，东止于鼓山大桥，包含福峡路以东的后坂路段，主路双向六车道，外侧辅路双向四车道，是福州第一条全封闭、全立交、无红绿灯的城市快速环路。道路红线外侧规划绿带宽度平均25米，为绿道建设提供了用地条件。该路的沿线片区仍处于福州的城市化阶段，沿途既有刚建成的居民区，也有大量城中村，特别是后坂路段，两侧村庄破败、环境极差、风貌杂乱。

随着该片区城市化的推进以及重点道路的品质提升，开始全面实施路侧绿带和绿道的建设，并设置了驿站、环卫设施、标识系统、智慧系统、无障碍设施等完备的配套设施。该绿道的设计重点强调了以下五个方面：

1. 重格局，疏通山、江、园、城的生态景观廊道

通过路侧绿道及沿路公园节点的建设，贯通了"鼓山—高盖山"沿线多处重要视点和节点，形成了城市"观山望江、阅城赏园"的景观界面，充分地彰显了城市的山水格局（图5-3-2）。

2. 提品质，创建一段老百姓身边的公园带

坚持以带状公园标准建设，创建以绿道为"串"，以景观和文化节点为"珠"，形成与沿路滨水串珠公园对应衔接的，连续不断的陆路串珠公园廊道，被称为"家门口的公园带"，福泽周边居民（图5-3-3）。

3. 显底蕴，保护抢修一批历史文化遗存

项目建设中，特别重视场地内历史文化资源的普查、挖掘和修缮，保留并抢修了7处历史建筑（群）。并以此为基础进行活化利用，实现了历史遗存原真性和延续性的融合。例如壶山林氏的古厝结合中医文化的药草园，形成路侧福道的重要节点（图5-3-4）。

4. 塑风情，营造四季花漾鲜明主题

全段采用乡土植物近百种，做到宜树则树，宜花则花，充分反映出榕城的生物多样性，打造"四季有景、疏密有致"的效果，成为南城一抹缤纷迷人的风景线（图5-3-5）。

5. 融城乡，引领城市园林风情路新实践

项目建设的同时，加快推动了沿路北园、郭宅、跃进等7个

图5-3-2　后坂路绿道鸟瞰实景（来源：郑锴 摄）

（a）路边的带状公园　　　　　　　　　　　　　　　　（b）立交桥附近的串珠公园节点

图5-3-3　串珠结合的路侧绿道（来源：廖晶毅 摄）

图5-3-4　壶山林氏修复前后对比（来源：郑锴 摄）

图5-3-5　沿线疏密有致的植物景观（来源：郑锴 摄）

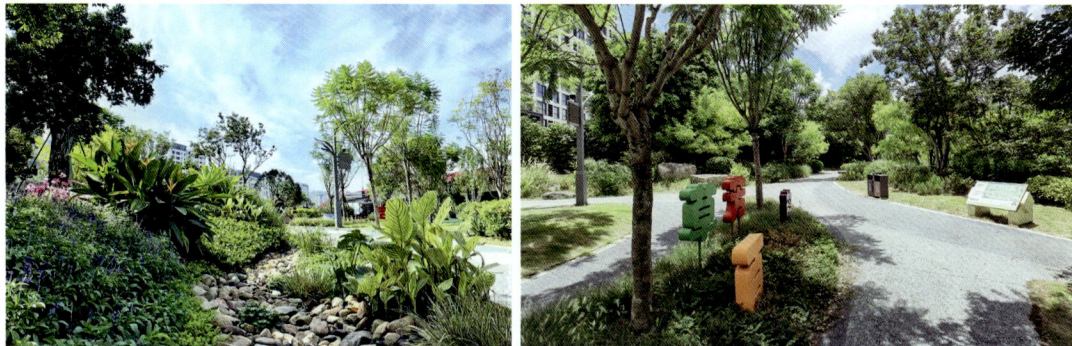

图5-3-6　路侧绿道建设中融入海绵设施和植物多样性的要求（来源：郑锴 摄）

城中村旧改项目，提升了土地价值，对城乡交错地带更新也有较好的引领作用。特别是注重海绵城市、植物多样性，强调乡土化等新时代园林绿化的建设要求，把营造良好宜居生态环境作为重要举措（图5-3-6）。

　　南二环——后坂路路侧绿道的建设，坚持贯彻绿色发展、韧性城市、公园城市等重要发展理念。注重保护沿途重要的山、水、文化资源，注重推广节地、节水、节能等节约型园林建设工艺。在2021年福建省城乡建设品质提升样板项目的特色园林风情路样板评比中位列第一。

二、福马路路侧绿道

　　福马路是典型的中心城区放射性主干道，位于主城区东部，东起六一环岛，西至鼓山隧道，全长约7.48千米，途经鼓山下院，连接鼓山国家级风景名胜区入口。福马路是城市交通性主干道，双向6车道，与地铁2号线共线，沿线包含6个地铁站，涉及40个地铁出入口。两侧规划约25米宽防护绿地，总绿化面积达26公顷，地铁建设前现场的行道树长势较好，已有一定的绿量，但部分防护绿地被侵占，绿带不连续。

　　结合福州地铁2号线沿线道路的恢复，以及福州市重要城市道路品质提升的契机，全面启动福马路的改造提升，实施以"完整街道"为理念的全要素综合提升。其中路侧绿地旨在通过绿化、花化、彩化、香化，结合慢行步行系统、完善服务设施、明晰标识标牌、衔接轨道交通等措施，将福马路路侧绿地打造成一条高标准、高颜值的多彩慢行通廊和公园带，重塑福州东门户"生态绿道"，成为福州市主干道的步行慢行和轨道交通相结合的景观路（图5-3-7）。

　　项目强调还绿于民，保障规划绿地的连续性，为绿道建设奠定基础。强化慢行接驳，绿道宽度2.5米以上，与人行道若即若离，串联节点开放空间和周围地块，突出保护沿线古树名木和人文节点（图5-3-8），强化绿道与地铁出入口集散广场的衔接，并在周边增加非机动停车空间，紧密连接公交站点、出租车停靠点等（图5-3-9）。提升绿道环境品质，"先有绿、再有花，先有荫、再有景"，保护榕树等古树大树，增加黄花风铃木、福建山樱花等开花乔木，与主干道上的羊蹄甲、黄山栾树共同形成福马路的林荫花街景观（图5-3-10、图5-3-11）。

图5-3-7　福马路鸟瞰（来源：廖晶毅 摄）

福马路是福州市建成的第一条与地铁共线，并拥有连续路侧绿道的城市主干道。从交通性干道变成了具有综合活力、兼具通勤和休闲功能的城市景观路，一个个地铁口逐渐成为慢行换乘的节点公园，如紫阳站、鼓山站等。一段段带状绿地成为沿线居民的串珠公园，实现了"绿色慢行、活力花街"的综合服务功能和示范。

图5-3-8　保护沿线古树，营造文化节点（来源：王文奎 摄）

图5-3-9　路侧福道的节点与地铁站相结合（来源：王文奎 摄）

图5-3-10　路侧花木静待花开（来源：王文奎 摄）

图5-3-11　路侧林荫步行道（来源：王文奎 摄）

三、化工路路侧绿道

　　化工路是福州东侧进出中心城区的主要通道，连接东二环和东三环，全长3千米，与竹屿路、安亭路、福光路、福兴大道等相交，是福州城东片区晋安新城的重要门户。其周边有商场、住宅、写字楼、三创园区、公园绿地等，配套设施完善。按照福州市重要城市道路品质提升要求，化工路被打造为都市的"风景大道"，其路侧绿地也借此契机成为连续的高品质城市带状公园和绿道，使化工路展现出"靓丽门户、公园伴行"的进出城窗口形象（图5-3-12、图5-3-13）。

图5-3-12　化工路鸟瞰实景（西向）（来源：廖晶毅 摄）

图5-3-13　化工路立交与化工路鸟瞰（来源：廖晶毅 摄）

图5-3-14　一体化打造路侧绿道（来源：廖晶毅 摄）

图5-3-15　疏透的林带可见沿路的风景（来源：王文奎 摄）

图5-3-16　绿道与公交站点衔接（来源：王文奎 摄）

化工路沿线25米宽的绿化带，原为早期建设的防护绿地，景观质量不高，缺乏连续性，与新城中心区的城市定位不符，但为带状公园和绿道的建设提供了较好的绿化基底。结合对原有乔木的保护，融入海绵城市设计的方法，灵活布置绿道，宽度在1.5～2.5米之间，采用透水性铺装，局部扩大为林荫广场、街头休憩节点等空间。其与人行道、两侧建筑前广场之间设置多处便捷的连通接口，提高了公园带和绿道的实用性。在此基础上，通过"三景"的方法，打造"车行可览景，步行可赏景"的路侧绿带景观。

1. 全景营造

统筹人行道与路侧绿道的铺装、绿化和配套设施形式，与沿线的公园、商业体、居民区统筹整合，打造一体化的路侧慢道风景体验带（图5-3-14）。

2. 林下透景

对原有两侧带状防护绿地进行绿化梳理，以保留大树为主，清理林下杂灌丛，打造与两侧现代高楼相称、舒朗大气、疏密有致、层次清晰、视野通透、可憩可游可看景的路侧绿道（图5-3-15）。

3. 街头点景

添加沿线绿道的街头景观，重点提升绿道端头、绿道与人行道接口、公交站点和停留休憩节点的景观，提升绿道空间的人气（图5-3-16）。尤其是经过晋安公园段，全面衔接两侧生态廊道，突出绿道和城市大型公园的慢行联系。

四、南江滨东大道路侧绿道

南江滨东大道起于魁浦大桥，止于三江口大桥，道路长约12千米，宽约50米，它不仅是福州两江四岸重要的滨水城市主干道，也是福州新区三江口片区重要的门户道路。作为三江口片区最先通车的城市主干路，南江滨东大道在承担片区开发重要交通功能的同时，也成为新城重要的城市形象。以第44届世界遗产大会为契机，结合省级城市主干道建设样板工作，对南江滨东大道进行全方位的品质提升，同时采用针对性的策略方法提升路侧绿道，同步建设三江口生态公园，力求打造福州"最美环江路、最美景观带"（图5-3-17）。

1. 内外有别，策略相宜

为适应道路外侧滨江景观带、内侧地块开发建设的特点，道路采用典型的非对称式布置，临江侧增设辅道及路侧停车带，服务于滨江公园。路侧绿道也具有非对称性，临江侧是环南台岛休闲路的三江口生态公园段，绿道与防洪堤和滨江公园融为一体，兼具可走、可跑、可骑多重慢行方式，结合植物特色和生态本底设置有林荫道、观花道、闻香道、观草道、沙滩道及湿地游览道等（图5-3-18）。内侧绿带规划宽约30米，与商业商务、学校、文化、居住等各类地块相邻，局部段落与铁头山、梁厝河等其他绿地相连，绿道以步行为主，可走可跑（图5-3-19）。

2. 山水大观，生态韧性

南江滨东大道路侧绿道的突出景观价值不仅是绿，更在于"看得见水、望得见山"。绿道沿线强调通透式的景观和植物种植形式，既要有绿，更要透景，凸显自然山水之景、人文建筑之美，还将沿线局部的山地高台、湿地漫滩、古厝古树也融入绿道的设计中。同时在绿道建设中，全方位推动海绵城市理念和乡土植物多样性，提高生态韧性（图5-3-20、图5-3-21）。

图5-3-17　南江滨东大道鸟瞰实景（来源：廖晶毅 摄）

图5-3-18　道路内外不同的绿道设置形式（来源：廖晶毅 摄）

图5-3-19　道路内侧的林中步道（来源：王文奎 摄）

图5-3-20　道路外侧绿道和湿地漫滩（来源：廖晶毅 摄）

图5-3-21　多选用乡土植物（来源：王文奎 摄）

图5-3-22　道路两侧多样的慢行空间（来源：廖晶毅 摄）

3. 多样慢行，节点串联

滨江道路丰富的生态空间和较宽的绿带，提供了多样的慢行空间，宜停宜行、宜快宜慢。内侧绿地的绿道以"3.5米人行道+3米~5米绿地漫步道"的组合形成通勤和休闲的双路体系；外侧滨江绿地的绿道以"3.5米人行道+8米堤顶骑行道+5米跑步道+5米滨江漫步道"共同组成"四道"体系，实现宜走、宜跑、宜骑的丰富体验。多样的慢道串联起沿线的山、水和各个景点，成为生态、活力的慢行景观带（图5-3-22）。

4. 设施完善，活力引领

高标准配置绿道服务设施和沿路景点。道路内侧绿道增设7处服务驿站，外侧滨江带增设12处，规划建设三江秀场、金沙飞舞、沙湾弄潮、相思湖、城市T台、艺术中心、三江日出等7处重要景观分区。每一处的驿站不仅成为重要的地标，也成为绿道沿线的主要服务点，并将出入口、停车场、游船码头、主要游憩地、健身运动场等近距离规划布置，使聚集人气的效果更加显著（图5-3-23）。

南江滨东大道及路侧绿道建成后，即成为第44届世界遗产大会主会场的重要迎宾通道，还是省级城市主干道的整治样板之一。目前，南江滨东大道的绿道和三江口生态公园是环南台岛休闲路中人气最旺的段落之一，每逢假日游人倍至，不但是网红打卡地，也是持续推动三江口片区城市发展的重要门户景观大道。

图5-3-23　道路外侧绿道和沿线的驿站及重要活力区（来源：廖晶毅 摄）

第六章

有福之道

百姓喜爱是福道之根本
（来源：王文奎 摄）

经过系统规划和分步实施，福州市已初步构建了一张可以"望山、看水、走巷"，记得住乡愁的休闲慢行系统网络，将为福州市民和游客持续提供开放便利与生态福祉。由于福道建设的系统性，实施中，福道项目还兼顾了城市山水自然资源和历史文化资源的保护与利用，兼顾了城市街景风貌的改善，兼顾了城市社会公共服务功能品质的提升。截至目前，已建成150多千米山地步道，有效地保护了金牛山、福山、金鸡山等城区自然山体，并推动其发展为城市内部富有特色的山地公园，是为青山有福；建成600多千米的滨水步道，有力地促进了白马河、晋安河、凤坂河等内河的环境提升，并促成内河沿线近千个滨水串珠公园的建设，是为绿水有福；建成约30千米的巷道，全面推动了三坊七巷、朱紫坊和上下杭3个历史文化街区，烟台山、阳岐等12片历史风貌区，以及能补天巷、秘书巷、善化坊等一批传统街巷的保护性修复，重现千年名城的历史风貌，是为闽都有福；建成约200多千米的路侧慢道，引领福马路、金山大道、南二环等主次干道两侧的带状公园和生态廊道建设，不断完善城市园林风情路和林荫路系统，进一步提升榕城生态环境，是为榕城有福。

据不完全统计，截至2021年，福州市鼓楼、台江、晋安和仓山四城区通勤性慢行系统的路网密度为6.65千米/千米^2，该区域内的滨水步道、山地步道、街巷步道和路侧的休闲步道的密度达到2.33千米/千米^2，通勤和休闲慢行系统的总路网密度达到8.98千米/千米^2，显著提高了城市慢行系统的数量，增幅达35%。福道之所以称作"有福之道"造福于民，不是停留于口口相传，在实际建设成效中有明确的数据支撑，在群众满意度调查中具有可靠的统计结果。福道，既有对地域文化特征的强调，又有对于生态良好的福道环境、以人为本的福道标准、完善便捷的福道设施的要求，还有对福道带动城市和乡村社会经济文化发展的期待。这种可推广的价值观，或许才是"有福之道"的真实内涵。

第一节　福道殊荣

福道建设得到百姓的喜欢，成为有福之州的一张名片，大量与福道相关的项目在行业领域均获得了许多重要的奖项。其中，在总体规划层面，《福州市绿道（福道）网总体规划及实施》荣获了中国城市规划学会优秀城市规划设计奖二等奖、中国风景园林学会科学技术奖规划设计二等奖、福建省城市规划学会省级优秀城市规划设计一等奖。在单个项目的规划设计层面，福山、牛岗山、飞凤山、闽江两岸等公园及其福道，获得了中国勘察设计协会优秀工程勘察设计奖、中国风景园林学会科学技术奖规划设计奖等一系列国家级行业类设计奖项；在省内，晋安河、流花溪、三捷河、环南台岛、天马山、高盖山、金鸡山、鳌峰坊、中山社区、东二环、华林路等各类山地、滨水、街巷和路侧的多条福道项目均在福建省城市规划学会、福建省勘察设计协会举办的优秀规划设计项目评选中获得大量奖项。福道系统成为福州市近几年获奖数量最多的城市建设项目类型，金牛山福道更是得到了国内外学者和从业人士的好评，先后斩获"国际建筑大奖""新加坡总统设计奖""中国土木工程詹天佑奖"等一系列具有重要国际影响力的奖项，对国内外的步道和绿道建设产生了广泛的社会影响。

在福道的龙头带动下，城市建设品质不断提升，2021年福州荣获"中国十大美好城市"和"中国十大活力城市"称号，榕城百姓尽享人与自然和谐共处之福、城市文化自信之福、民生设施开放共享之福。

第二节　福道评价

一、基于空间句法的福道建设成效评价

采用空间句法对福道建设成效进行评价，选取集成度和选择度作为分析变量。其中，集成度表征福道空间的可达性，选择度表征空间吸引穿越交通的潜力。

1. 福州市区慢行空间模型的构建

本书所述福道特指休闲型慢行道，主要包括绿道和以步行为主的街巷。与之相对应的是，由各等级道路的慢行空间组成的通勤慢行系统。为准确评价福道建设成效，分别构建两种空间模型（图6-2-1）。以《城市居住区规划设计标准》GB 50180—2018中

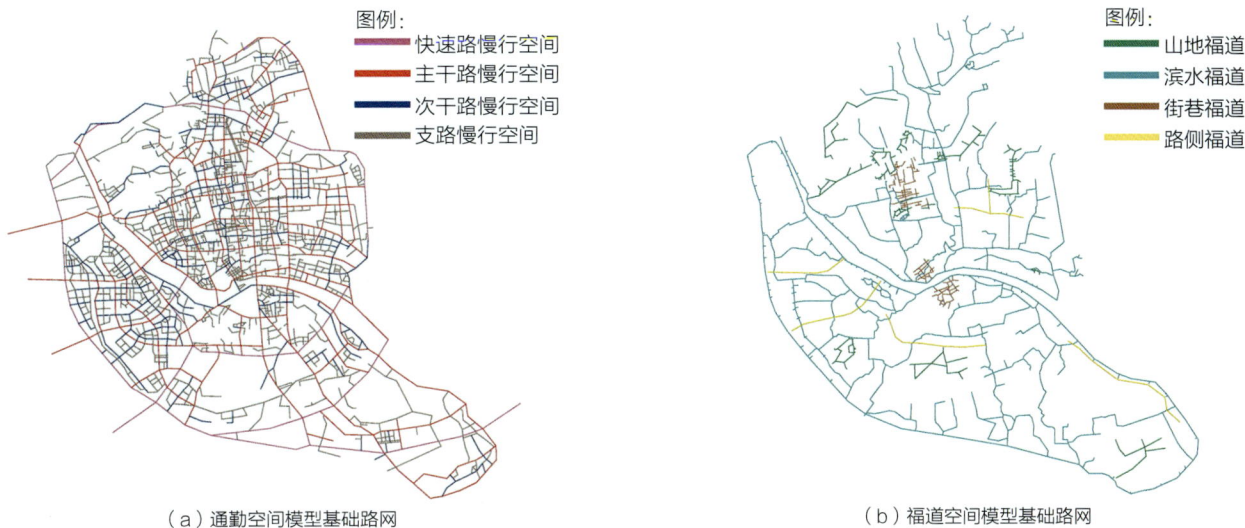

图例：
快速路慢行空间
主干路慢行空间
次干路慢行空间
支路慢行空间

图例：
山地福道
滨水福道
街巷福道
路侧福道

（a）通勤空间模型基础路网　　　　　　　　（b）福道空间模型基础路网

图6-2-1　福州市区慢行空间分析基础网络（来源：曾晓清 绘）

的5分钟、10分钟、15分钟生活圈社区理念为参考，设置5分钟、10分钟、15分钟作为可达性的时间阈值标准。同时，兼顾多种慢行出行方式的可达性，分别取步行、跑步与骑行的平均速度为4千米/时、8千米/时与12千米/时进行空间句法计算范围估算。一般认为，出行距离为1千米以内的交通选择以步行为主，1~3千米范围内出行以跑步、骑行为主。综合以上因素，确定空间句法分析计算半径取为R=300米、500米、1000米、2000米、3000米。

2. 福州市区慢行空间分析

（1）集成度

经计算，叠加福道空间的慢行空间集成度平均值约是通勤空间的1.1~1.6倍（表6-2-1），且倍数随着半径的增大而提高。江北城区二环以内、金山片区与烟台山附近等区域集成度较高（图6-2-2），各类福道中，滨水福道、巷道能够更有效提升整体网络的通达性。

福州慢行空间集成度平均值对比表　　　　　　　　　　　　表6-2-1

计算范围	场景	平均值
R=300米	通勤系统	11.46
	通勤系统+福道系统	12.43
R=500米	通勤系统	13.29
	通勤系统+福道系统	16.71
R=1000米	通勤系统	24.95
	通勤系统+福道系统	35.56
R=2000米	通勤系统	59.22
	通勤系统+福道系统	91.77
R=3000米	通勤系统	106.95
	通勤系统+福道系统	169.65

（2）选择度

经计算，叠加福道空间后的慢行空间选择度平均值达到通勤空间的2.1~2.6倍（表6-2-2），但倍数随着半径的增大而降低。江北城区、金山片区与烟台山附近区域选择度较高。滨水福道量大、面广、成网（图6-2-3），与通勤慢行系统并行、交织，在慢道选择度提升中发挥关键作用。

（a）通勤系统R=300米

（b）通勤系统叠加福道系统R=300米

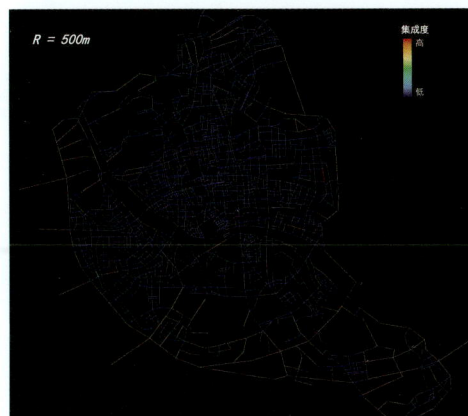

（c）通勤系统R=500米

（d）通勤系统叠加福道系统R=500米

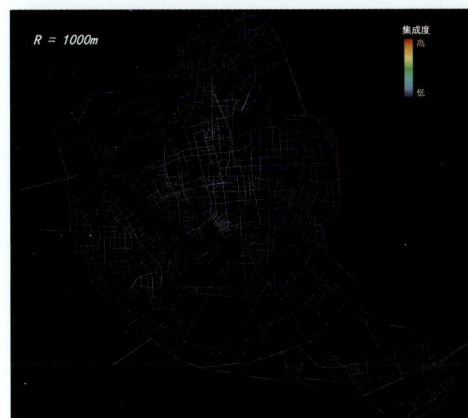

（e）通勤系统R=1000米

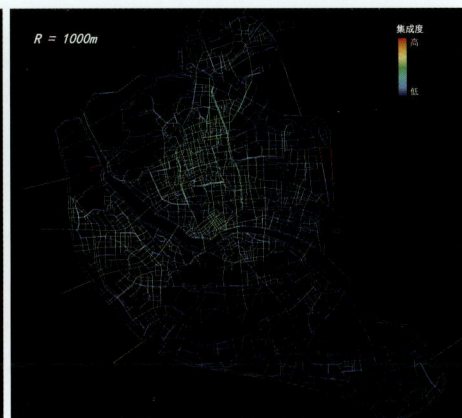

（f）通勤系统叠加福道系统R=1000米

图6-2-2　福州慢行空间集成度对比分析（来源：曾晓清 绘）

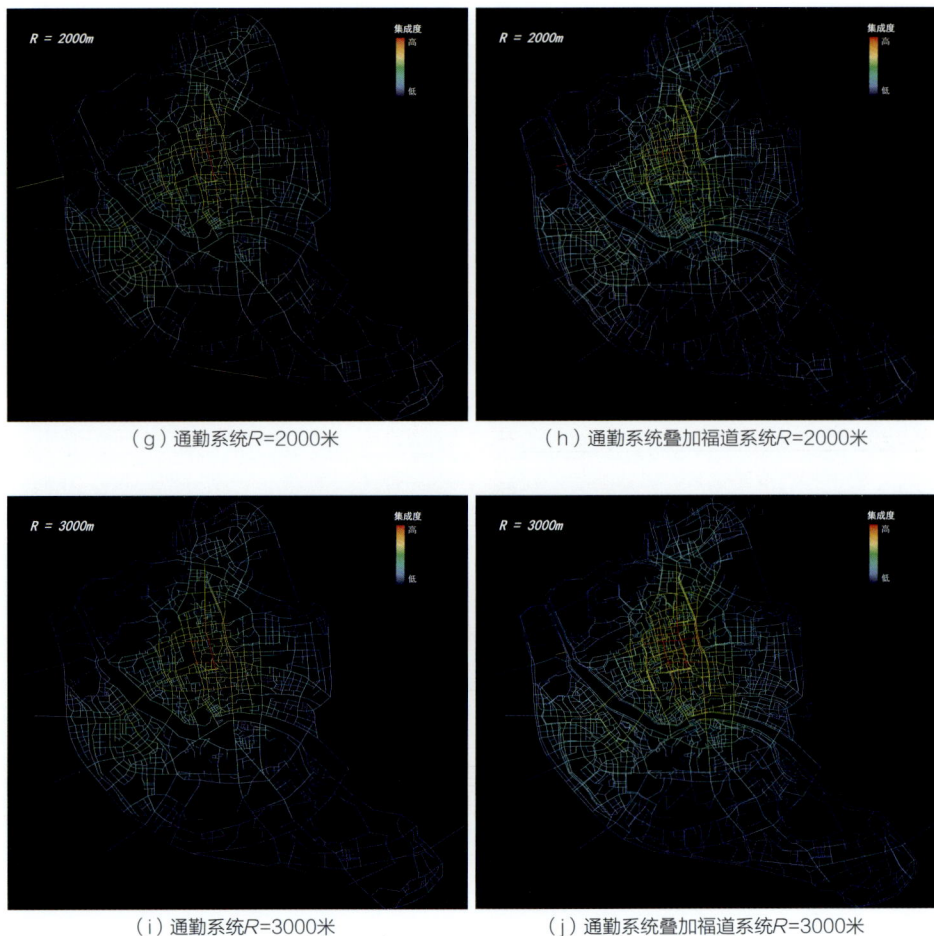

（g）通勤系统R=2000米　　　　　　　（h）通勤系统叠加福道系统R=2000米

（i）通勤系统R=3000米　　　　　　　（j）通勤系统叠加福道系统R=3000米

图6-2-2　福州慢行空间集成度对比分析（来源：曾晓清 绘）（续）

福州慢行空间选择度平均值对比表

表6-2-2

计算范围	场景	平均值
R=300米	通勤系统	2.6
	通勤系统+福道系统	6.52
R=500米	通勤系统	13.65
	通勤系统+福道系统	29.74
R=1000米	通勤系统	104.87
	通勤系统+福道系统	225.61

计算范围	场景	平均值
R=2000米	通勤系统	738.49
	通勤系统+福道系统	1639.12
R=3000米	通勤系统	2396.43
	通勤系统+福道系统	5122.37

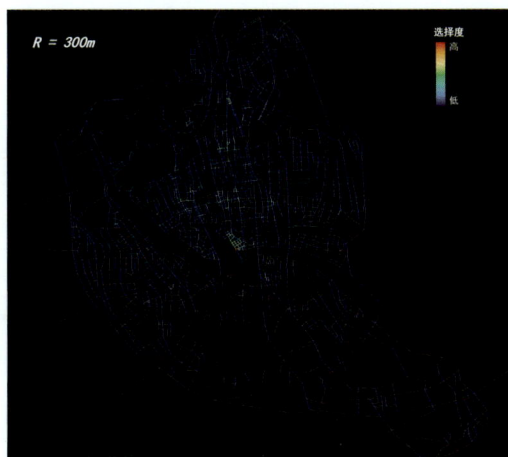

（a）通勤系统R=300米　（b）通勤系统叠加福道系统R=300米

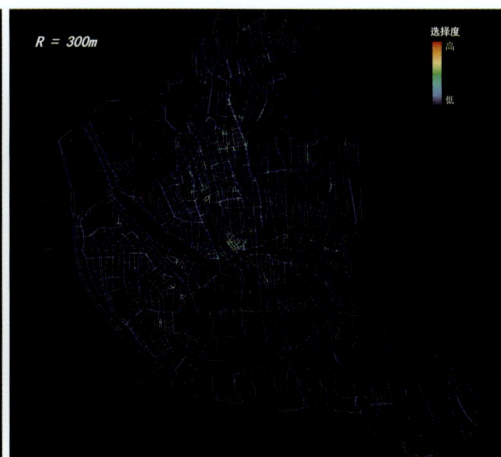

（c）通勤系统R=500米　（d）通勤系统叠加福道系统R=500米

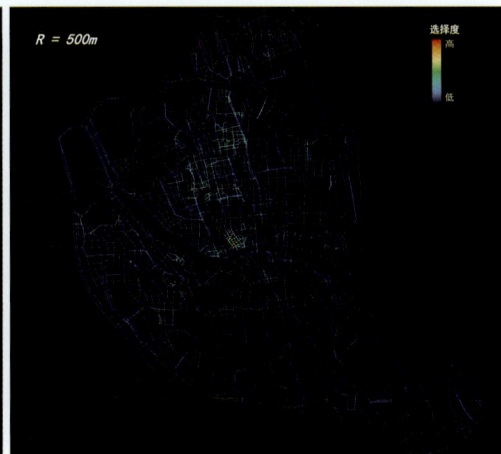

图6-2-3　福州慢行空间选择度对比分析（来源：曾晓清 绘）

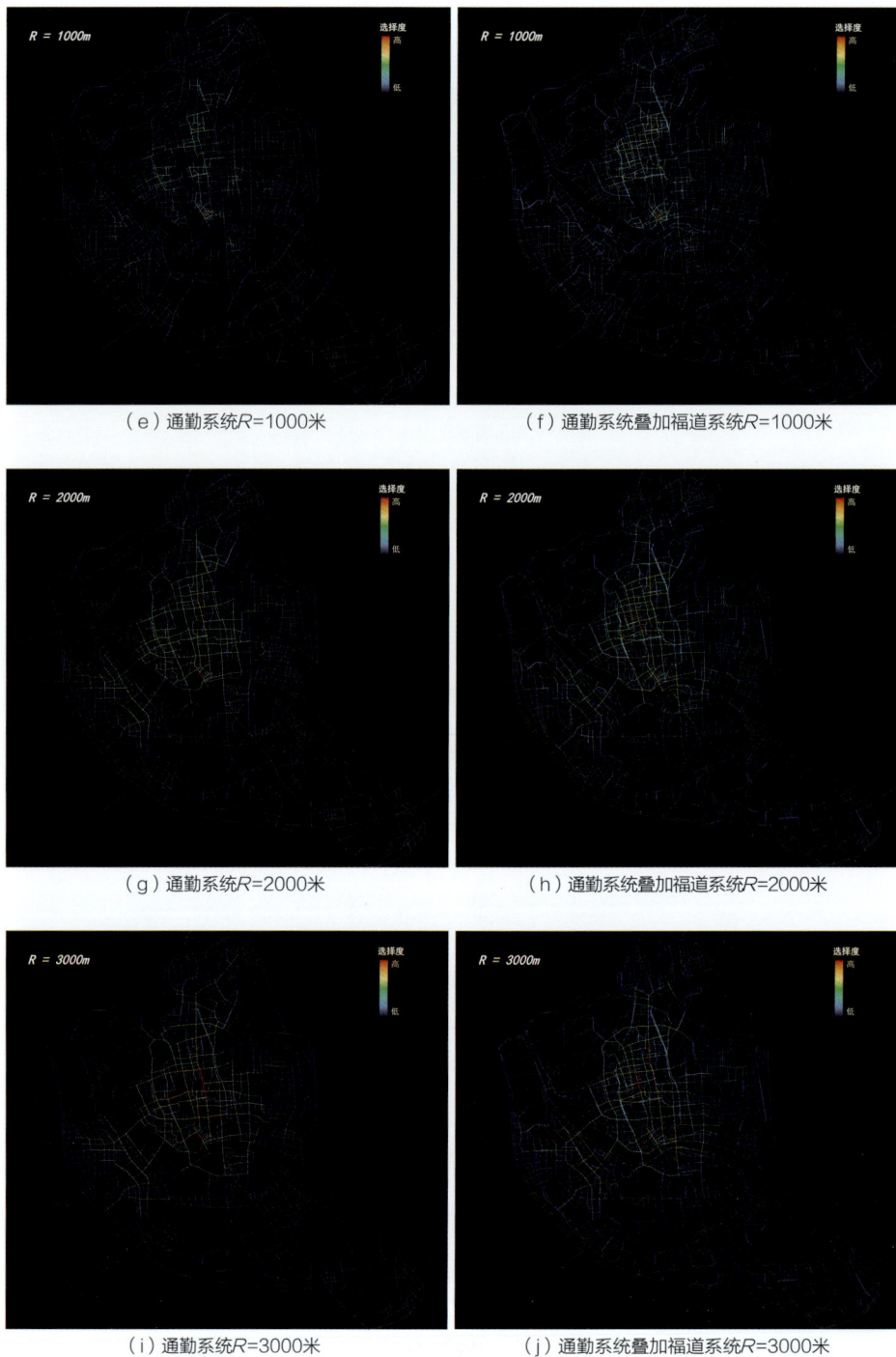

（e）通勤系统R=1000米　　　　（f）通勤系统叠加福道系统R=1000米

（g）通勤系统R=2000米　　　　（h）通勤系统叠加福道系统R=2000米

（i）通勤系统R=3000米　　　　（j）通勤系统叠加福道系统R=3000米

图6-2-3　福州慢行空间选择度对比分析（来源：曾晓清 绘）（续）

二、福道系统布局适宜性评价

本书聚焦与福道具有密切连接关系的公共服务设施、居住、商业服务业设施和公园绿地四类用地，开展福道布局适宜性评价。

1. 各类用地核密度空间分布与城市慢道的关系

通过ArcGIS平台进行用地空间核密度分析，生成核密度空间分布与福道系统的空间关系图（图6-2-4）。由图可知，四类用地在空间上均呈多核心聚集分布，在各种用地类型较为集聚区域内均已布局福道系统，四类服务空间集聚区的慢行可达性良好。

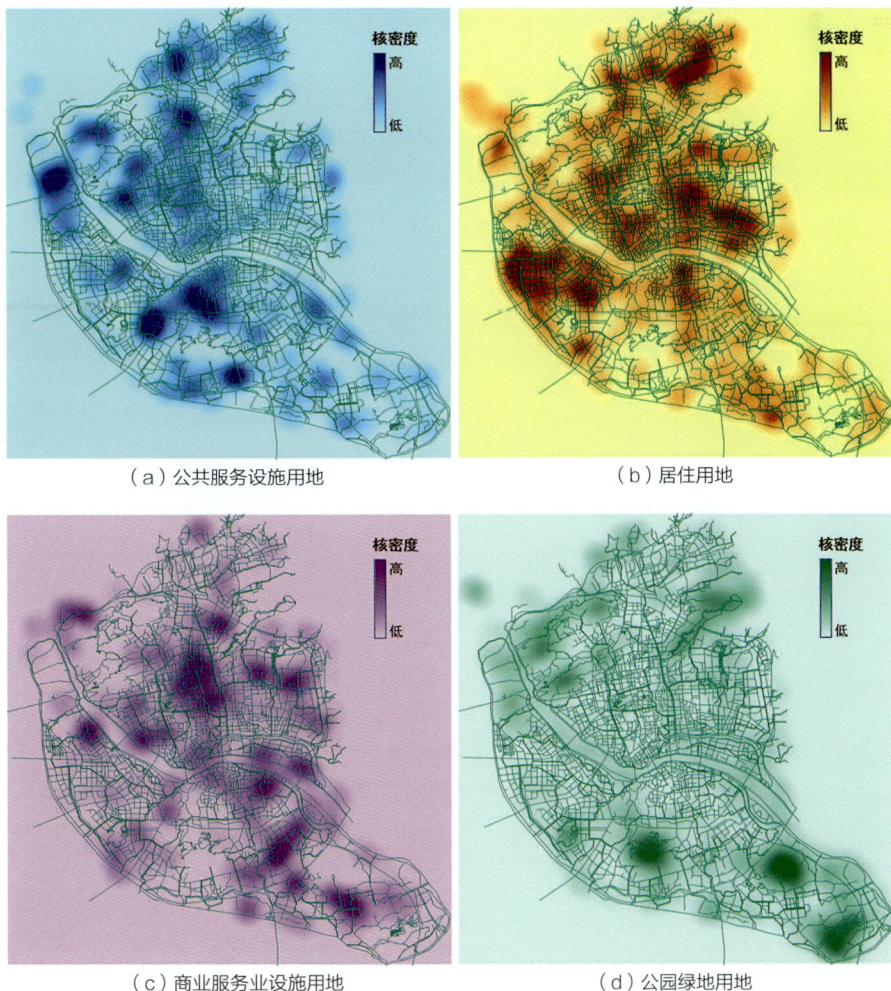

（a）公共服务设施用地　　　　　　　　　　　　（b）居住用地

（c）商业服务业设施用地　　　　　　　　　　　　（d）公园绿地用地

图6-2-4　福州各类用地核密度空间分布与慢道系统关系（来源：曾晓清 绘）

2. 福道系统服务空间可达性

进一步研究福道系统对各类用地的服务覆盖程度，确定服务半径为100米、300米、500米。不同半径下对四类用地的覆盖情况如（图6-2-5～图6-2-9）所示。对单独的通勤系统、叠加通勤系统与福道系统分别进行计算，得到对各类用地的服务空间覆盖率。

福道的建设，不仅充分补强了通勤系统缺少的休闲游憩属性，而且与通勤系统组成的慢行系统，对于城区范围内的各类用地服务覆盖显著增强。尤其是服务半径100米

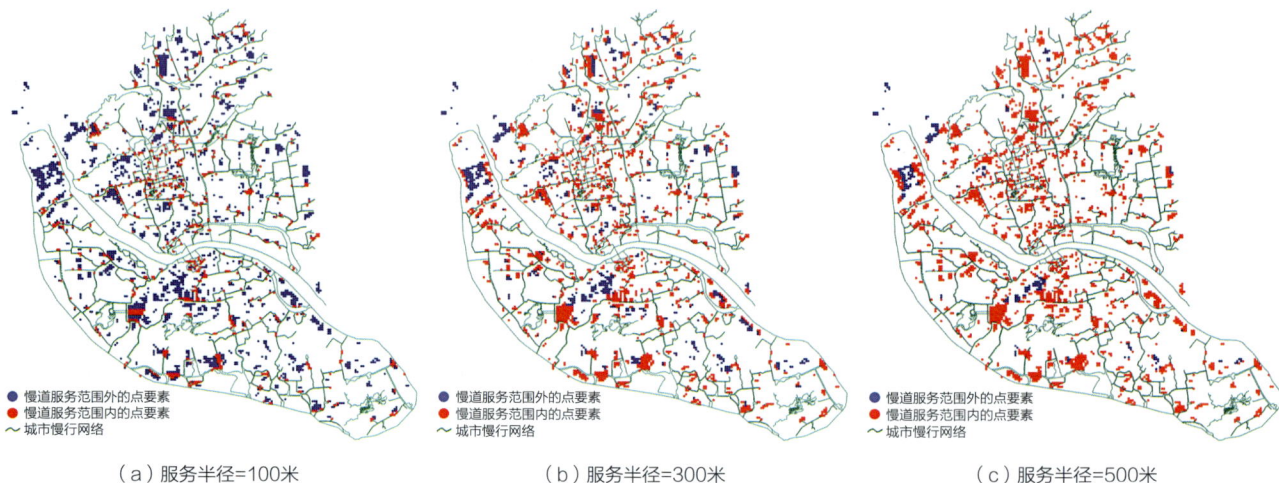

（a）服务半径=100米　　　　（b）服务半径=300米　　　　（c）服务半径=500米

图6-2-5　不同服务半径下福道对公共服务设施用地的覆盖情况（来源：曾晓清 绘）

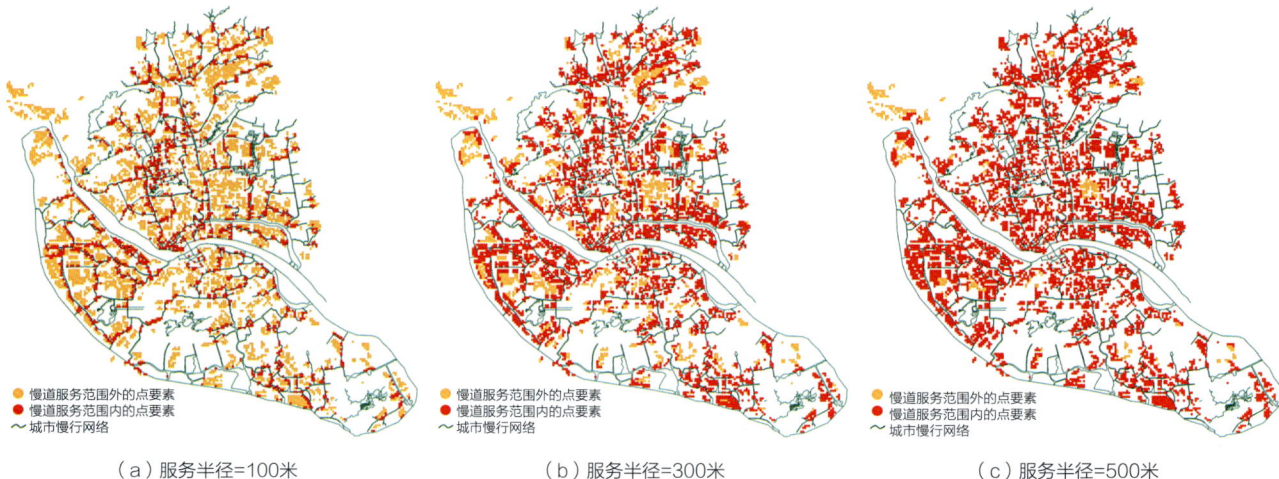

（a）服务半径=100米　　　　（b）服务半径=300米　　　　（c）服务半径=500米

图6-2-6　不同服务半径下福道对居住用地的覆盖情况（来源：曾晓清 绘）

以内时，慢行系统对各类服务空间覆盖率均有明显提升，其中公园绿地最为显著（增幅超20%），有效弥补慢行系统对公园绿地空间覆盖的不足。

三、福道使用特征与满意度研究

为进一步探寻福道使用状况及满意度情况，编制组专项开展"福道网络及其配套设施满

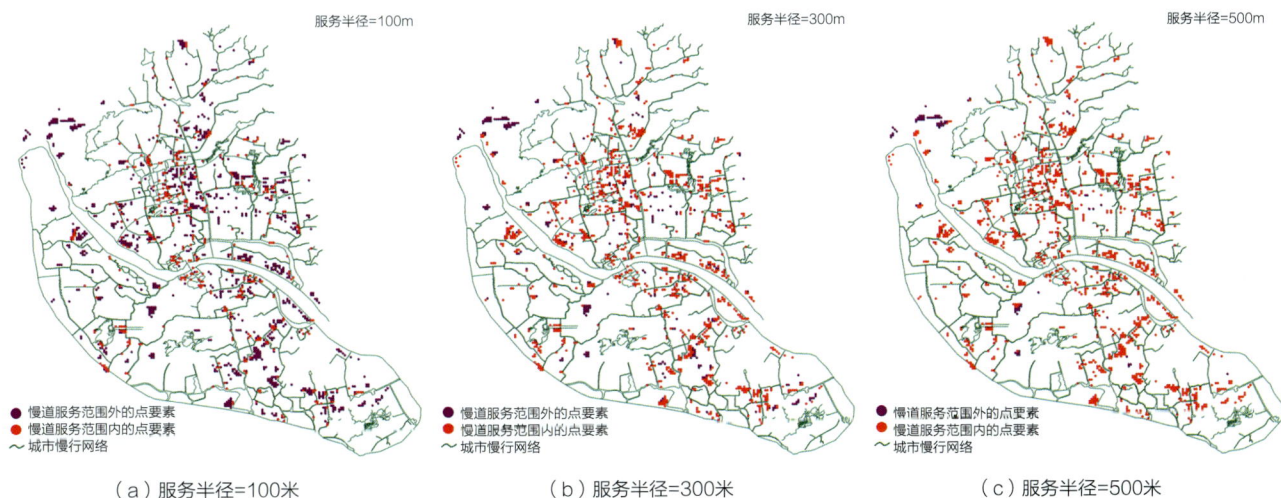

（a）服务半径=100米　　　　　　（b）服务半径=300米　　　　　　（c）服务半径=500米

图6-2-7　不同服务半径下福道对商业服务业设施用地的覆盖情况（来源：曾晓清 绘）

（a）服务半径=100米　　　　　　（b）服务半径=300米　　　　　　（c）服务半径=500米

图6-2-8　不同服务半径下福道对公园绿地用地的覆盖情况（来源：曾晓清 绘）

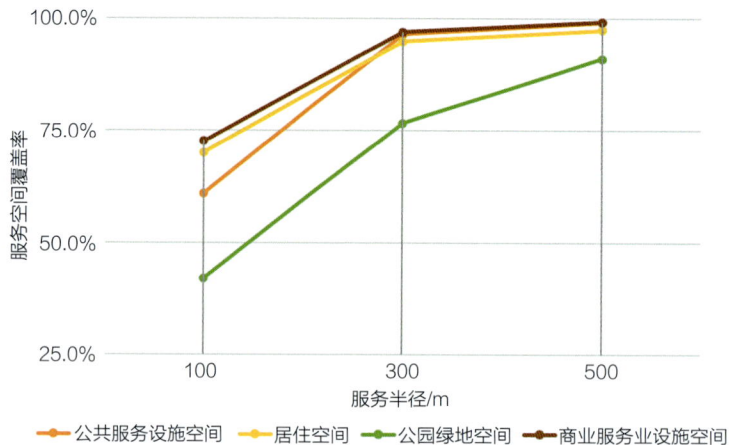

（a）通勤系统对各类用地空间覆盖率

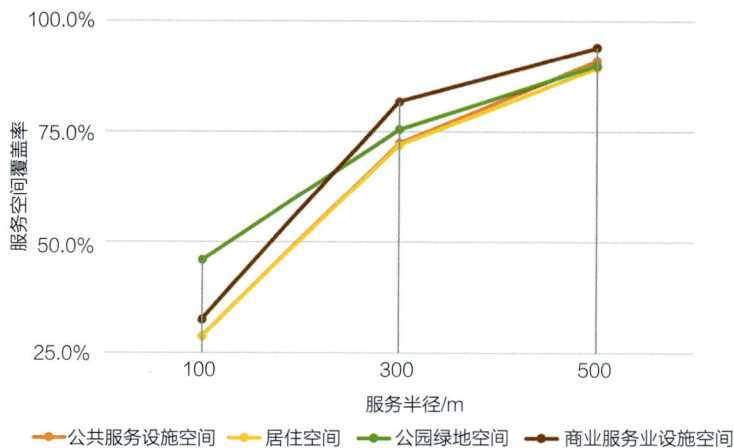

（b）福道系统对各类用地空间覆盖率

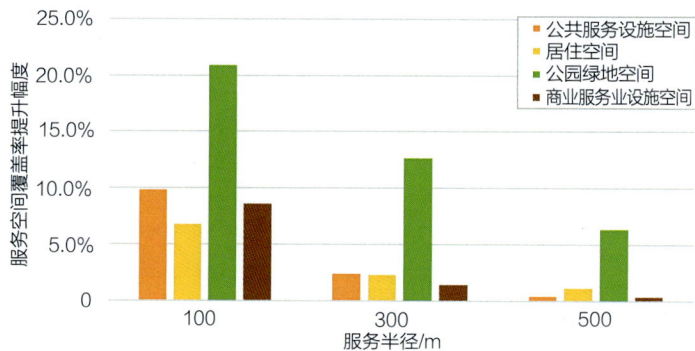

（c）通勤系统叠加福道系统对各类用地空间覆盖率增幅情况

图6-2-9　福州慢行系统空间覆盖率（来源：许传明 绘）

意度"问卷调查，共收集有效问卷约四千份。经调查分析，福州市民对于福道建设的总体满意度达95.04%。

1. 福道出行特征分析

41.07%的市民集中在晚上去福道，与福州区域气候相吻合（图6-2-10）。82.69%的市民居住地与福道的距离在3千米以内，且出发点距离福道越近，市民对福道满意度越高。85.57%的市民活动时间集中在"30分钟～1小时"、"1小时～3小时"（图6-2-11），短时停留福道，对市民与游客具有较强的吸引力，满意度较高，但在长时间停留后，满意度有所

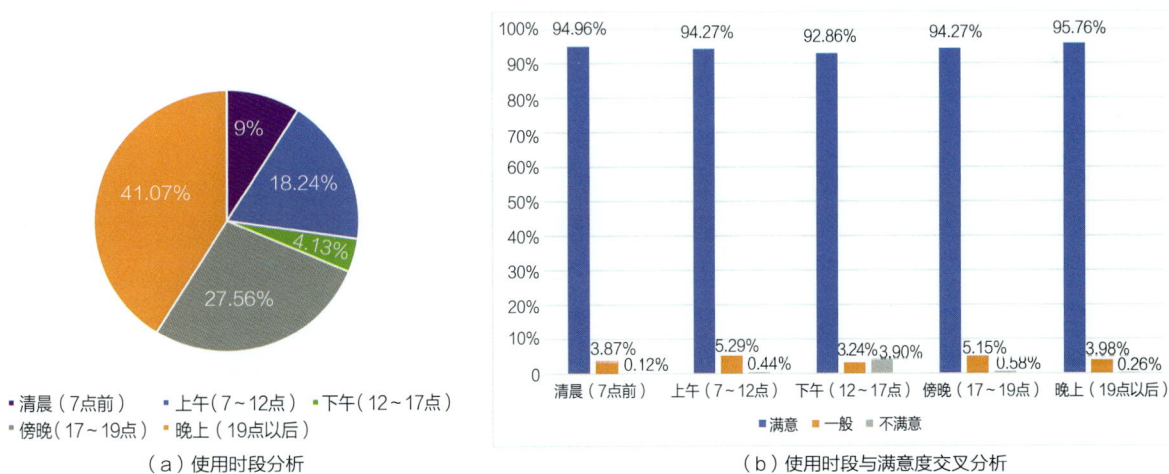

（a）使用时段分析

清晨（7点前）　上午（7～12点）　下午（12～17点）
傍晚（17～19点）　晚上（19点以后）

（b）使用时段与满意度交叉分析

满意　一般　不满意

图6-2-10　使用时段、使用时段与满意度交叉分析（来源：许传明 绘）

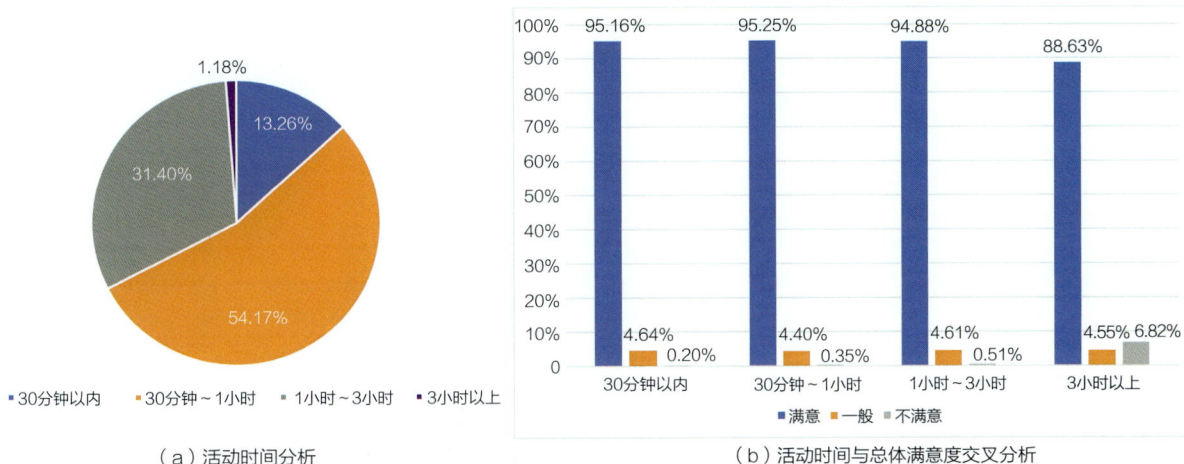

（a）活动时间分析

30分钟以内　30分钟～1小时　1小时～3小时　3小时以上

（b）活动时间与总体满意度交叉分析

满意　一般　不满意

图6-2-11　活动时间、活动时间与总体满意度交叉分析（来源：许传明 绘）

降低。56.09%的市民"几乎每天都去"及"周末经常去"（图6-2-12），且"几乎每天都去"的人对福道及其配套设施的满意度最高，满意度占比达97.46%。

2. 福道使用目的分析

91.71%的市民使用福道的主要目的是休闲和锻炼（图6-2-13），上班、上学是次要目的。山地福道因生态良好、可览城观景、可休闲锻炼等特点，最受市民青睐（占比54.41%），其次是街巷福道、滨水福道和路侧福道（图6-2-14）。

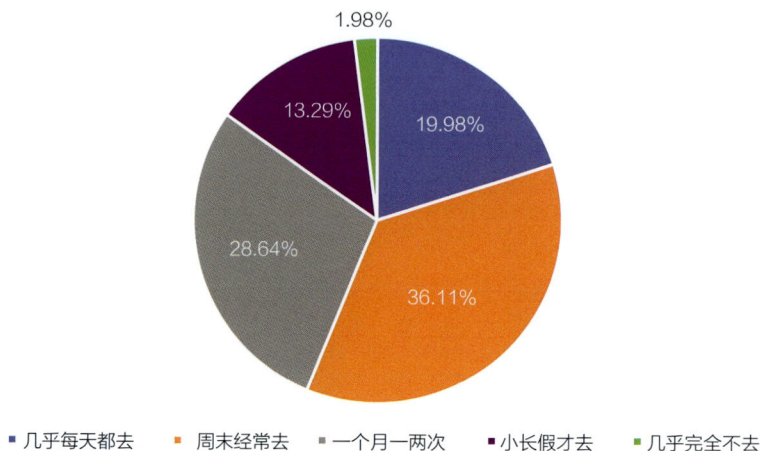

（a）使用频率分析

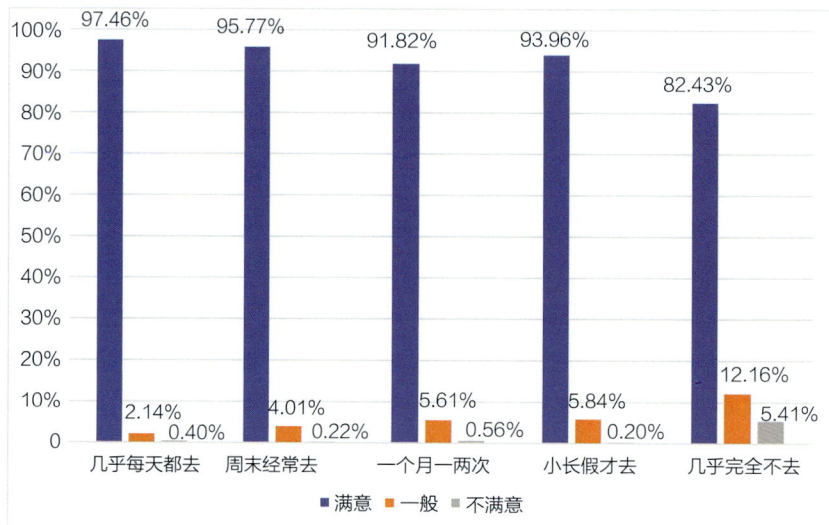

（b）使用频率与总体满意度分析

图6-2-12　使用频率与总体满意度分析（来源：许传明 绘）

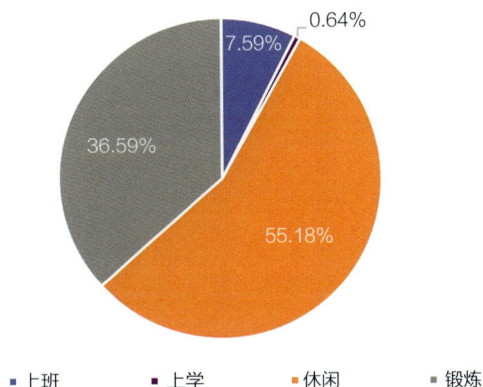

图6-2-13   福道使用目的分析（来源：许传明 绘）

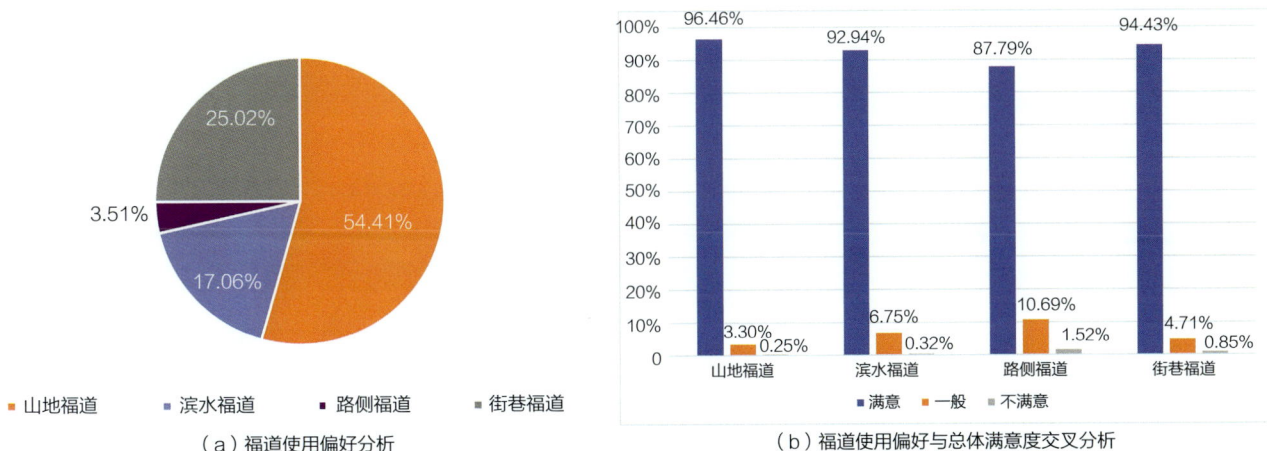

（a）福道使用偏好分析

（b）福道使用偏好与总体满意度交叉分析

图6-2-14   福道使用偏好、福道使用偏好与总体满意度交叉分析（来源：许传明 绘）

3. 福道配套设施满意度分析

市民对福州福道的生态环境、景观风貌较为满意（图6-2-15），对福道的"交通衔接设施""服务设施""游憩设施""安全防护设施"四类配套设施的品质提升需求较高（图6-2-16），建议在后续建设中予以重点提升。鉴于市民喜欢晚上前往福道，宜注重对福道夜景的打造。

四、结论与建议

福道系统可达性包含网络本身可达性和对各类服务空间的可达性，通过上述空间句

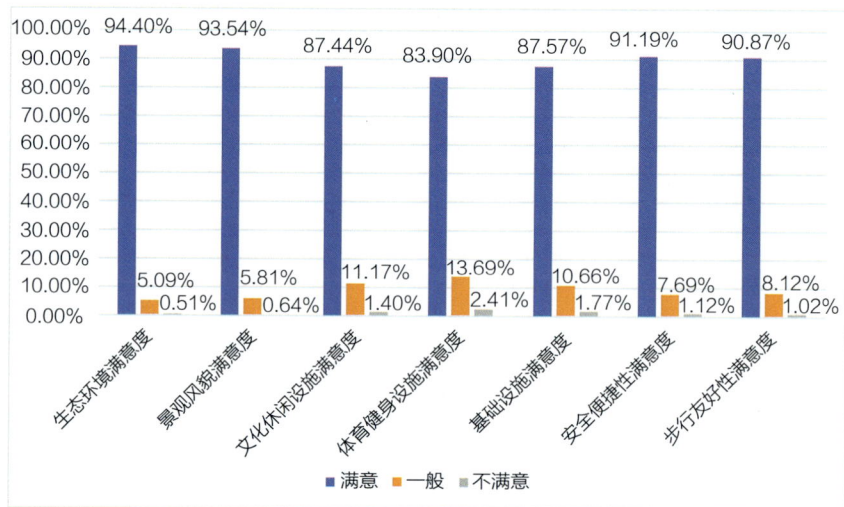

图6-2-15　福道单项满意度分析（来源：许传明 绘）

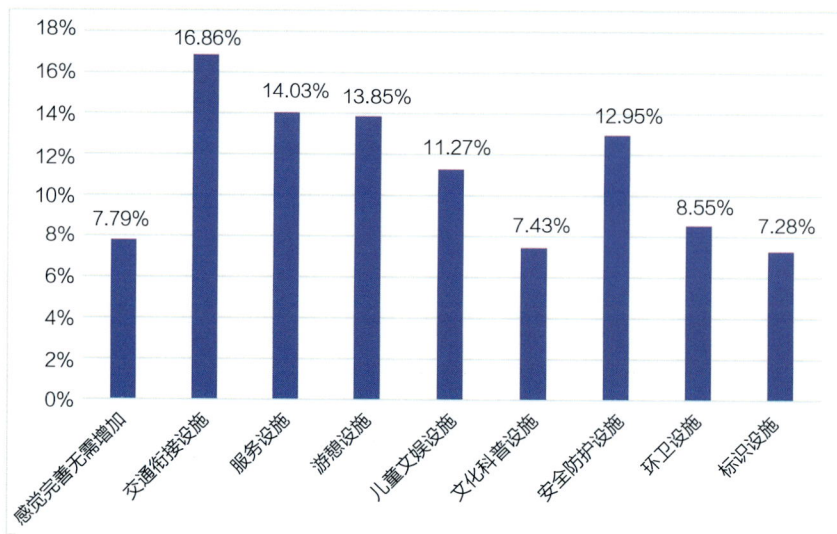

图6-2-16　福道配套设施调查分析柱状（来源：许传明 绘）

法和基于ArcGIS的核密度法对福道进行量化分析，结合《城市居住区规划设计标准》GB 50180—2018中的5分钟、10分钟、15分钟生活圈社区理念等设置不同情景，探索了福道系统可达性变化情况和影响程度。研究发现，福道系统能够不同程度地提升城市慢行系统的可达性。以福州为例，叠加福道空间的慢行空间集成度平均值可达通勤空间的1.6倍，慢行空间选择度平均值达到通勤空间的2倍以上，表明福道系统建设能够提供更多可选择的出行路径，使慢道节点作为10分钟、15分钟出行目的地的可达性明显提高。不同类型福道的可达性增益效果不同，其中网络状分布的滨水福道作用相对更大，更容易与通勤慢行系统互联互通。同时，福道不仅充分补强了通勤系统缺少的休闲游憩属性，而且与通勤系统组成的慢行系统对于各类用地空间覆盖率显著增强，增幅在6%～20%，其中对于公园绿地的可达性提高效果最好（增幅超过20%）。

结合可达性和满意度调查研究，今后福道的建设中可以更加关注以下几个方面：

一是强化以水系为骨架推进福道系统互联互通。依托水系建设蓝绿空间相结合的滨水福道，系统性地串联和衔接山、水、公园、街巷和其他城市开放空间。构建起蓝绿和慢行耦合、服务范围广、步行体验感好、渗透力强、可达性高的慢行网络，形成体验慢生活的慢行廊道骨架。

二是大力建设山地福道。山地福道因生态良好、可览城观景、休闲锻炼等特点，最受市民喜爱（四类福道偏好度中，山地福道占比超过54%）。宜充分挖掘福州山地资源，还山于民，赋予不同的山地多样的主题特色，打造城市山地福道的系列品牌。

三是结合城市更新和城市双修，依托历史文化名城的保护和复兴，合理规划老城区交通组织，强化特色慢行街区的规划建设，尤其是强化与水边、山边、路边的福道网络的联通，改善人行过街的安全性和舒适性，让局部的街巷更好地融入整体福道网系统中，彰显福州名城的特色。

四是加强对福道夜景的打造。通过系统调查分析，发现市民更偏向晚上（19:00之后）去福道，时长"30分钟～1小时"使用者超过半数，短时停留福道对市民具有较强的吸引力，满意度较高，因此需特别注重夜景和相关配套设施的完善。

五是重视配套服务设施品质。百姓对福道的"交通衔接设施""服务设施""游憩设施""安全防护设施"等四类配套设施品质的满意度有待提升，具有较大的优化改善空间，让有福之道，更好地造福市民百姓。

第三节　福道展望

进入"十四五"规划开篇谋局之年，《中共中央关于制定国民经济和社会发展第十四个五年规划和二〇三五年远景目标的建议》要求继续贯彻新发展理念，持之以恒，全方位推动高质量发展。福州市以习近平新时代中国特色社会主义思想为引领，认真贯彻落实中央和省委的各项决策部署，全力以赴、久久为功，推进高质量发展落实赶超，加快建设创新开放绿色幸福的现代化城市。福道系统的建设有利于完善城市自然生态系统；有利于发掘和彰显城市历史文化底蕴，塑造城市个性；有利于改善城市人居环境，提升城市宜居水平，是建设"有福之州、幸福之城"的重要内容（图6-3-1）。

通过总结一段时间以来福州福道系统建设的得失经验，了解全社会对福道系统的认识和评价，倾听百姓的声音和期待，遵循"以人民为中心"的发展思想，在以下几个方面继续展开积极探索，努力建设更加科学、合理的慢道系统，持续增进民生福祉，不断实现人民群众对美好生活的向往。

一、强化福道横向外联，协调城乡绿色发展

目前，福州市区内已建成较为发达的福道系统，串联起众多自然生态本底资源、历史人文景观资源和社会公共开放空间资源，编织出福州市民的幸福生活网络；下一步，应推动福州福道系统朝周边地区横向外联，将市区福道网络向西北面闽侯县、北面宦溪镇、东面连江县、南面青口镇、西南面南通镇和南屿镇等多个方向延伸，促进慢道下乡、森林进城，推进城乡慢道体系的一体化建设，通过绿色基础设施的先行示范，城乡互补、融合发展，增强城乡区域发展的协调性，明显改善福州周边地区的城乡人居环境，缩小城乡区域发展之间的不平衡和居民生活水平差距，促进全域旅游加快发展。

二、深化福道纵向延伸，打造社区共享绿色开放空间体系

目前，福州绿地系统仍然存在总体布局不够合理、绿地联通性不足、城乡绿地服务功能

图6-3-1　望得见山、看得见水、记得住乡愁，有福之道造福山水历史文化名城（来源：石磊磊 摄）

单一、绿地特色不够突出等问题，下一步应当通过福道体系的建设有效应对上述问题。同时，为了满足新时代城市居民日益丰富的日常户外公共活动需求，还应当促进福道系统向社区内部纵向延伸，引导建设绿色、开放、共享、高品质的社区绿色开放空间体系，使人民群众在15分钟步行可达范围内，即可享受多种类型、不同特色、互联互通的多功能绿地和户外公共活动场地。

三、拥抱新一代信息技术，建设创新智慧型福道系统

新质生产力是推动高质量发展的内在要求和重要着力点，其最显著特点是创新，既包括科技、产业、模式和体制机制的全方位创新。福州福道目前已在推广使用结合电力载波的无线智能照明控制系统、数字化智能管理系统、无人机执法管理、无人驾驶巴士等新技术手段，已取得很好的成效。未来，在福州福道的全生命周期中，将主动拥抱5G、物联网、人工智能等新一代信息技术，使项目的技术、质量、效率、管理和可持续性等都迈上新台阶。如部署全域联网的基于5G+AI打造的智慧管控中枢、智能小型服务机器人等，为市民提供更加安全、健康、便捷和丰富的体验。

四、弘扬闽都文化精神，塑造有福之道文化品牌

福州福道在挖掘历史文化资源、彰显城市文化内涵、塑造福道文化个性等方面进行了大量的工作，并开展了吉、文、乐、福4条慢道的积极尝试，取得了较好的反响。但总体而言，福州福道网络在文化品牌塑造上仍未形成地域文化个性十分鲜明的体系，有福之道的文化影响力暂未形成。下一步，应当积极构建福州福道文化品牌的上层建筑，尽快建立有福之道的文化IP，提高福州福道的品牌质量、辨识度和影响力。

五、探索公园城市新理念，引领绿色低碳生活方式

2018年2月，习近平总书记在视察成都天府新区时，首次提出"公园城市"理念，指出要突出公园城市特点，把生态价值考虑进去。以生态文明观为引领，秉持公园城市理念，营建人与自然和谐发展新格局、探索城市绿色发展新路径、打造福州福道网络新形态，推动生态价值转化为城市高质量发展的新动力，倡导绿色低碳生活方式是新时代福州福道建设需要努力探索的新课题。

参考文献

[1] 王应山，福州市地方志编纂委员会. 闽都记 [M]. 福州：海风出版社，2001.

[2] 郭柏苍，刘永松，福州市地方志编纂委员会. 乌石山志 [M]. 福州：海风出版社，2001.

[3] 叶溥，张孟敬，福州市地方志编纂委员会. 福州府志 [M]. 福州：海风出版社，2001.

[4] 卢美松，谢其铨. 越王山志 [M]. 福州：海峡文艺出版社，2018.

[5] 林鹏. 福建植被 [M]. 福州：福建科学技术出版社，1990.

[6] 谢其铨，郭斌. 于山志 [M]. 福州：福建人民出版社，2017.

[7] 谢其铨，郭斌. 图说三山 [M]. 福州：福建人民出版社，2018.

[8] 卢美松. 福州名园史影 [M]. 福州：福建美术出版社，2007.

[9] 张雪葳，王向荣. 福州山水风景体系研究 [M]. 北京：中国建筑工业出版社，2022.

[10] 曾意丹. 福州古厝 [M]. 福州：福建人民出版社，2019.

[11] 吴良镛. "山水城市"与21世纪中国城市发展纵横谈——为山水城市讨论会写 [J]. 建筑学报，1993（6）：4-8.

[12] 吴良镛. 寻找失去的东方城市设计传统——从一幅古地图所展示的中国城市设计艺术谈起 [C] //建筑史论文集（第12辑）. 清华大学出版社，2000：7.

[13] 陈能志，林阗，汪裕丰. 福州市中心城区内涝治理研究 [J]. 中国水利，2008，（9）：40-42.

[14] 王文奎. 山水城市绿道网建设的探索——福州市城市绿道建设的实践和思考 [J]. 福建建设科技，2017，No. 153（2）：39-43.

[15] 王文奎. 福州城市河流的多样性及其近自然化景观策略 [J]. 中国园林，2016，32（10）：54-59.

[16] DBJ/T13-361-2021，福州省福道规划建设标准 [S].

[17] 福州市政协文化史和学习委员会. 叙事——福州市城区内河水系综合治理的集体记忆 [M]. 福州：福建美术出版社，2020.

[18] 福州市政协文史资料和学习宣传委员会. 福州内河史话 [M]. 福州：福建人民出版社，2018.

[19] 中华人民共和国住房和城乡建设部. 绿道规划设计导则 [S]. 北京：中国建筑工业出版社，2021.

[20] 黄基传. 基于空间句法的城市园林道路系统评价——以佛山市中山公园为例 [J]. 科

技通报，2019，35（5）：144-148.

［21］比尔·希列尔，盛强. 空间句法的发展现状与未来［J］. 建筑学报，2014（8）：60-65.

［22］徐泽潭，梁娟珠，许文鑫. 基于空间句法的福州路网形态与零售商业空间布局的相关性研究［J/OL］. 测绘地理信息：1-7.

［23］谭立，赵茜瑶，李倞. 基于多源大数据分析的北京市典型建成绿道评价［J］.现代城市研究，2019（10）：36-42.

［24］杨凡主编. 叙事——福州历史文化名城保护的集体记忆［M］. 福州：福建美术出版社，2017.

［25］严龙华. 在地思考——福州三坊七巷修复与再生［M］. 南京：东南大学出版社，2023.

［26］福建省水利厅. 福建省万里安全生态水系［R］. 2017.

〈后记〉

　　福州发挥独特的山水资源优势，善待一山一水，以绿道慢行的视角去看山望水，又用脚步拾掇起窄窄的巷子，找寻着历史文化名城浓浓的乡愁记忆。这绿道也好，巷道也好，既能穿行于山水之间，感受都市中的自然气息和风景大观，又能走进寻常百姓的家门，亲近市民，还能让人走入城市的历史深处，感受这几千年的文化底蕴，恐怕这也是一个城市最为幸福的路子了，所以被百姓称之为"福道"——有福之道。福州的福道建设在短短不到十年时间里，取得了丰硕的成果，推动了福州荣膺"中国十大大美城市""中国十大活力城市"等称号，城市品质快速提升，百姓生活的幸福感和获得感显著提高。福建省也以福州为样板，推动全省万里福道的建设，不断扩展福道的空间范围和文化内涵，也吸引着国内外各地考察组来福州参观交流，福道成为福州城市的一张"名片"。

　　这几年来我们不断在福道规划设计实践中探索、借鉴、学习、总结和创新，各界也有很强的呼声，希望我们能系统地梳理和总结福州福道的经验。为此，我们组织一线设计师，收集、整理、分析、归纳第一手的资料撰写成书。本书的具体分工如下：王文奎负责本书的总体把控，制定提纲，负责前言、后记撰写，以及全书各个章节的深化、补充、审阅和修订；林大地、吴鑫森、黄贝琪负责第一章、第二至第五章各章第一和第二节的撰写；第二至第五章的案例部分由王文奎和各项目主要负责人共同撰写，其中山地福道由程兴、黄贝琪、陈志良、余捷、高屹、郑锴、欧耀参与撰写，滨水福道由叶松、高屹、何达、程兴、林鹏飞参与撰写，街巷福道由陈志良、庄益、杨通参与撰写，路侧福道由郑锴、程兴、梁冠巍、何达和许辰羽参与撰写，许乃星、曾晓清、许传明、马奕芳负责第六章有福之道撰写。王文奎、林大地、黄贝琪负责了全书的统稿，何苗苗、陈楚鋆和王曲荷负责了图片的绘制、整理和编排工作。石磊磊、陈鹤、廖晶毅、包华、程惠萍、薛东波、林淑琴、周静娜、林毅、林浩霖等，以及福州市鼓楼区福道公园服务中心、福州首邑文化旅游投资有限公司、新加坡LOOK Architects公司等为本书多处案例提供照片。

　　本书的顺利出版，要感谢福州市各级政府和职能部门的指导和信任，感谢各业主单位一直以来的大力支持，感谢合作伙伴新加坡LOOK Architects公司、CPG公司，感谢福州市规划设计研究院集团有限公司各个专业部门的大力支持！感谢在书稿撰写过程中，给予大力支持的领导、专家和热心市民，还要感谢福建省住建厅陈仲光博士、中国建筑出版传媒有限公司唐旭主任和李东禧编审，没有他们的鼓励和支持，本书很难顺利完成。因福道类型的多样性和复杂性，且著者时间和能力所限，不揣浅陋，抛砖引玉，不足之处期待能得到大家的批评指正。